ANDREA PAGANI

UNA LETTERA NELLA TESTA

Seconda Edizione, giugno 2023

Ogni riferimento a fatti realmente accaduti e/o a persone realmente esistenti è da ritenersi puramente casuale.

*A tutti quelli che non riescono a controllare
il timone della barca della vita,
a quelli che remano forsennatamente per contrastare
la violenza delle onde che li porta alla deriva,
a quelli che hanno trovato una corrente a cui
affidare la rotta e si lasciano trasportare serenamente,
a quelli che sanno qual è la meta,
a quelli che, invece, non ne hanno idea,
a quelli che si sono smarriti e non se ne sono resi conto.*

*Dedicato a tutti quelli che lavorano immersi nella
sofferenza di un altro essere umano.*

Non scrivo per intrattenere, ma per riflettere e far riflettere.
Scrivo per sfogarmi.
Scrivo per far scorrere una lacrima e poi sorridere.

Indice

PROLOGO

La vita è come un'immensa università: ognuno di noi sceglie quali corsi frequentare, in che cosa laurearsi e se farlo; oppure è libero di rimanere fuoricorso per decenni. Il problema è che, comunque, all'esame finale arriveremo tutti, sia chi avrà studiato, sia chi avrà passato gli anni passeggiando invano nei chiostri dell'ateneo tenendo il libro chiuso sotto braccio.

Il significato della vita è celato da un numero sempre crescente di sovrastrutture inutili che subdolamente si mescolano ai significati più importanti facendoli sfumare, fino a scomparire ai nostri occhi ingenui e poco propensi alla scoperta e alla ricerca. È importante riuscire a scindere i contenuti che si presentano al cospetto dei nostri sensi da tutto ciò che ci fa perdere inutilmente nel labirinto dell'esistenza. Il tempo che passiamo su questa terra è limitato e credo vada messo a frutto il più possibile, ma farlo non è certo facile.

Penso che la chiave per una vita matura e ricca sia la consapevolezza: la consapevolezza di ogni nostra azione, di ogni azione di chi abbiamo di fronte e anche di quelle di chi sta dietro di noi e che non riusciamo a vedere. In ogni piccolo aspetto della nostra giornata è nascosto un messaggio che ci può far crescere: sta a noi sviluppare l'abilità di saperlo vedere e decifrare. Se ci riusciremo, non saremo più la stessa persona, ma una più grande, più matura, più completa, capace anche di guardare al passato e saperne sorridere.

Sono contento e orgoglioso di essere come sono, di pensare quel che penso e di vedere le cose a modo mio. Mi piace essere considerato un tipo strano, uno che non si piega alle convenzioni sociali che troppo condizionano i più deboli e, spesso, anche i più forti. Sono contento e orgoglioso di essere l'artefice del mio destino. Ho avuto la fortuna di interrogarmi sull'esistenza ancor prima che la mia gioventù fosse esaurita. Ho la netta sensazione che, oggi, tantissimi esseri umani siano come barche travolte dalle correnti di un mare impetuoso. Barche che hanno perso il controllo e che, nonostante gli sforzi di chi si trova al timone, non possono che abbandonarsi al moto delle acque. Questo mare è il mondo. È necessario saper condurre questa barca in acque quiete fino a raggiungere la corrente giusta che la spingerà senza sforzo. Il nostro mondo gira troppo veloce, impone che cosa si deve e non si deve fare: ruba la libertà di vivere ma ci costringe al solo esistere. Questo mondo ci illude che la realizzazione personale si ottenga attraverso il verbo avere e non attraverso il verbo essere; ci costringe a indossare maschere per piacere agli altri e, quel che è peggio, per piacere a noi stessi.

Esistono luoghi fisici che si prestano più di altri a impartire lezioni di vita importanti: uno di questi è senza dubbio l'ospedale. Lì si succedono gli eventi più significativi dell'esistenza di ognuno: in ospedale si nasce, si vivono i momenti più difficili della vita, si scoprono o riscoprono le cose e le persone più importanti e, infine, si muore. Vivere l'ospedale può arricchire immensamente se si desidera ascoltare le lezioni che è disposto a insegnare. Voglio raccontare la mia personale interpretazione di alcune di queste lezioni, delle loro implicazioni, delle conseguenze sulla vita di tutti i giorni e sul modo di concepirla.

Troppe persone parlano senza dire nulla, ma c'è anche qualcuno che dice molto senza neppure parlare... io mi accontenterei di posizionarmi a metà tra questi due estremi.

Tutto è divisibile in due categorie: ciò che ci aiuta nella ricerca del senso della vita e ciò che ce ne allontana e distrae.

" ... chissà se indossava ancora la sua maschera sorridente, se si è dissolta con lo schianto..."

IN GINOCCHIO SUL SEDILE

È inverno, fa freddo. È da poco iniziato dicembre. Sono le 20.25 e io sono solo, in auto. Sto guidando sulla strada che percorro ormai da anni e che ora è buia, illuminata solo, di tanto in tanto, da qualche lampione che mi ricorda di trovarmi ancora in città. Qua e là qualche finestra illuminata che, non so perché, immagino nasconda una madre amorevole che sta lavando i piatti sporchi dai residui di una cena consumata in silenzio, mentre i suoi pensieri vanno al figlio che le procura tante preoccupazioni e attraverso il quale cerca la propria realizzazione.

Le auto parcheggiate lungo la strada sono coperte da un sottile strato di ghiaccio e il fumo che esce dai tubi di scappamento è l'unica traccia di un tepore artificiale. Attraverso la penombra e la gelida nebbiolina che avvolgono tutta la scena si scorge qualche persona che cammina sola, con il volto quasi completamente affondato nel colletto alzato del cappotto da cui si solleva, a getti intermittenti, il vapore del fiato. I visi delle persone nelle altre auto sembrano sereni, come se stessero andando in chissà quale bel posto a fare chissà che cosa. Sono per lo più giovani e spesso coppiette. Mi sembrano tutte maschere. Ho l'impressione che sul loro viso sia incollata l'istantanea di un sorriso forzato. Di un sorriso muto. Maschere senza contenuti. Sembrano tutti manichini con l'espressone del viso programmata in modalità sabato sera. Sarà perché nel luogo dove sto andando io non mi divertirò per nulla, sarà perché, in questo momento, la mia visione del mondo è filtrata dal parabrezza di un'auto destinata a trascorrere molte ore in un freddo parcheggio all'aperto, finché sarà ricoperta di ghiaccio duro da sciogliere.

La settimana è finita e scatta l'obbligo di divertirsi. Stasera tutti quelli che hanno passato gli scorsi cinque giorni feriali in coda in auto per andare al lavoro, finalmente potranno mettersi in coda per andare in qualche locale dove si adegueranno al cliché. Il cliché che vuole che tutti i *giovani bene* si ritrovino ridendo all'happy hour, in piedi fuori dai locali più alla moda con un bel bicchiere di qualche alcolico in mano. Lo stesso cliché che prescrive che si debba andare tutti negli stessi posti negli stessi momenti per essere vivi. Lo stesso cliché che cerca di convincere ad alterare lo stato di coscienza con alcol, fumo e droghe varie solo per divertimento o forse per permettere una temporanea fuga da questo mondo non scelto. Lo stesso cliché che alla fine della serata, quando sarà quasi mattina, ucciderà qualcuno.

E io continuo a guidare. Guidare mi aiuta a riflettere. Il tempo che si passa in auto è tempo che non bisogna lasciarsi scappare, è tempo che va messo a frutto. È l'ideale per ascoltare musica, per rilassarsi e per pensare. Passo con orgoglio davanti a diversi ristoranti, cinema e qualche locale molto gettonato dal popolo del sabato sera, di fronte ai quali si ripete la stessa scena: le maschere sorridenti si incontrano tra loro. Sembra quasi che facciano fatica a parlarsi perché il muovere la bocca è faticoso quando la maschera indossata calza stretta. Sono quasi arrivato. Mi sorpassa un'ambulanza in urgenza: brutto segno. Su quell'ambulanza ci sarei potuto essere io se avessi continuato a lavorare per la Croce Rossa. La sirena che mi ha fatto accostare per cedere il passo mi ha aperto un mondo di ricordi che era un po' che non mi capitava di rispolverare.

La strada che percorro quasi quotidianamente all'improvviso si trasforma in una sorta dei museo di ricordi. Non passano cento metri senza che io scorga, sulla destra o sulla sinistra della carreggiata, un'abitazione nella quale non sia già entrato e, al massimo ogni cinque minuti di guida, passo con le mie nuove gomme da neve sullo stesso asfalto che anni prima si era sporcato del sangue di qualche malcapitato che si trovava ad avere bisogno delle mie cure dopo un incidente.

Rivedo salotti, divani, cucine, diversi stili, diversi arredamenti. Riassaporo diversi profumi, ognuno padrone di una diversa abitazione. Sono entrato tanto in belle ville arredate come castelli, quanto in monolocali più simili a dei garage che a delle case dove qualcuno potesse vivere. Ho visto da vicino quante differenze ci siano tra gli uomini solo grazie a rapide comparsate su palcoscenici che non erano stati certo progettati per quel tipo di show. Ho vissuto momenti come una sorta di ospite in vite non mie. Quanto avrebbero preferito, quelle case, che io non mi fossi mai presentato al loro uscio!

Infarti, arresti cardiaci, insufficienze respiratorie, anziani che ormai avevano lasciato questo mondo in eredità a noi posteri e molte altre piccole tragedie. Rivedo tutto. Mi ricordo lucidamente le espressioni sul volto di tutte le persone distrutte che avevo incontrato per lavoro; nulla a che vedere con queste maschere del sabato sera che sembrano prepotentemente bussare al mio finestrino come per farmi tornare alla realtà.

Ormai dell'ambulanza che mi ha sorpassato poco prima non è rimasto altro che un luccichio azzurro all'orizzonte. Chissà se conosco l'equipaggio, e chissà qual è l'intervento per il quale ora sta correndo così forte? Chissà se a bordo stanno rianimando qualcuno con quel movimento ritmico che più volte mi ha fatto cinicamente pensare all'infermiera che stava eseguendo il massaggio cardiaco come se stesse facendo l'amore. Chissà.

L'ultimo semaforo e sarò arrivato. Ancora pochi minuti di libertà. Sono fermo attendendo il verde e stavolta, invece di qualche giovane in cerca di divertimento imposto, mi si affianca un'altra ambulanza, questa volta con lampeggianti e sirene spenti. Nell'auto davanti all'ambulanza – sarà un caso, ma anche questa priva dei tipici occupanti del sabato sera – sul sedile posteriore vedo una bella bambina che avrà cinque anni, bionda con due bei codini e un vestitino rosso che la fa sembrare una bambolina. La bimba si gira mettendosi in ginocchio sul sedile, sorride e saluta con la manina i soccorritori dell'ambulanza che quasi si commuovono. Una lacrima cerca di farsi strada sulla mia guancia, ma la cancello con la mano prima che mi faccia sentire troppo fragile.

La serata ha improvvisamente perso quel sapore amaro con il quale sembrava essere cominciata. Arrivato alla sbarra, saluto la guardia giurata. Sono entrato in ospedale. Spero in una notte tranquilla.

IL RIFLESSO NELLE LENTI

Non sono superstizioso ma quando arrivo al lavoro per il turno di notte involontariamente lo divento. C'è una serie di eventi il cui verificarsi è di pessimo presagio e prelude a una notte senza pace. Spero sempre di non imbattermi in ambulanze ferme con i lampeggianti ancora accesi o persone in lacrime fuori dal Pronto Soccorso, spero di vedere le luci delle sale operatorie spente, spero di non vedere nessun ascensore fermo al quarto piano – il mio – e, quando arrivo fuori dal reparto dove lavoro, prego di non intravedere attraverso il vetro smerigliato della porta d'ingresso un letto vuoto pronto ad accogliere qualche sfortunato ma, anzi, spero di vedere le luci del corridoio all'interno già spente.

Questa sera non si è verificato nessuno dei temuti eventi sentinella. Potrei illudermi di andare incontro a una tranquilla notte in Rianimazione. Sono un infermiere e lavoro da qualche anno in uno dei principali ospedali della provincia di Milano.

Appena apro la porta, la prima cosa che avverto è la differenza di temperatura dall'esterno; qui ci sono sempre ventisei gradi, sia in estate sia in inverno. Sotto la mia divisa azzurra non metto neppure la canottiera. Il primo ambiente in cui ci si trova entrando è lo spogliatoio, dove domina l'armadio delle divise del personale e quello contenente camici e calzari per i visitatori. Da qui si ha accesso al corridoio centrale del reparto. Sopra l'ingresso campeggia la scritta rossa su fondo bianco AREA BATTERICAMENTE CONTROLLATA. Mi rammenta ogni volta il verso dantesco "Lasciate ogni speranza o voi ch'entrate".

I colori dominanti sono l'azzurro dei muri e il grigio delle porte delle camere. La luce è quella artificiale bianca e fredda dei neon, l'odore è quello tipico dell'ospedale che non so ben definire ma che ho chiaro in mente, e che credo sia familiare anche ai non addetti ai lavori. Forse è un misto tra l'odore di disinfettante, quello dell'acqua di colonia usata a litri per profumare i pazienti e, non raramente, quello di escrementi. I suoni che mi accolgono non sono voci: sono gli alienanti allarmi dei monitor, delle pompe d'infusione, dei respiratori e di tutti gli altri macchinari che governano il lavoro e la vita di molte persone.

Cammino lungo il corridoio e sbircio indiscretamente i pazienti dentro a ogni stanza. In ognuno di loro vedo mia madre o mio padre. So che prima o poi arriverà il momento in cui questa visione non sarà una fantasia ed è il momento che temo più di tutto nel mio futuro. Proseguo senza che l'espressione del mio viso tradisca alcuna emozione fino ad arrivare alla scrivania dove troverò seduti i miei colleghi che, stanchi dal pomeriggio, attendono ansiosamente che qualcuno arrivi a liberarli. Prendo le consegne e la mia notte comincia.

Stasera sono ricoverati solo pazienti in coma o sedati. Nessuno sveglio, nessuno che grida disorientato per i farmaci che ha ancora in circolo o perché ha subito qualche operazione al cervello, nessuno che cercherà tutta notte di scendere dal letto per andare a casa. Nessuno che disturberà la mia notte.

Prima di iniziare il lavoro, dopo aver ricevuto dal collega a cui ho dato il cambio tutte le informazioni sui malati e sulle cose da fare, ho una mezz'ora libera per bere il primo caffè e per preparare il materiale che servirà nelle ore a venire. Stasera so già che non farò nulla di tutto ciò. Sono in vena di meditazione.

Vado in bagno e scorgo in fondo al water l'immagine del mio viso che si specchia nell'acqua, come a volermi ricordare chi sono e da dove vengo; come se qualcuno non volesse farmi dimenticare che sono uno come tutti gli altri, né più né meno.

Stasera so che non sarò molto di compagnia. I miei colleghi se ne accorgeranno ma sanno che sono fatto così, sanno che ogni tanto sprofondo in me stesso e riemergo solo dopo aver pensato a sufficienza. Starò nelle stanze dei miei pazienti, lavorerò in silenzio su corpi che mi ignorano e che, in fondo, anch'io ignoro.

Ho scelto questo lavoro perché voglio essere presente dove la vita e la morte si confondono, ho scelto di dedicarmi a capire che cosa accade alle persone che lasciano questo mondo (e ai loro cari) o quando si teme solamente che ciò possa succedere. Ho voluto impegnarmi nel capire quanto sia crudele l'impotenza delle persone di fronte a ciò che è più grande dell'uomo, e non intendo solo l'impotenza dei moribondi e dei loro familiari, ma anche l'impotenza di tutto il sistema sanitario: chirurghi, neurochirurghi, rianimatori... Anche io sono parte integrante di questo sistema che finge di voler combattere la malattia e la morte ma che in realtà non fa altro che combattere Dio, il quale si ostina a intromettersi nelle umane vicende alla faccia di tutti noi.

Mi piace considerarmi un filosofo in erba. Se mi si chiede perché ho deciso di intraprendere questa professione non posso certo nascondermi dietro l'ipocrita risposta "Perché voglio aiutare il prossimo". Io voglio aiutare me stesso. Voglio crescere umanamente e spiritualmente. Voglio capire questa vita. Voglio riuscire a vederne il senso. Voglio essere pronto alle tragedie che colpiranno me e le persone che amo. Voglio riuscire a scindere le cose importanti della vita dalle frivolezze che dominano l'esistenza dell'uomo d'oggi. Ma mi rendo conto che la mia immagine nel water aveva ragione. Sono come tutti gli altri.

Intanto pungo una vena al numero 7 (qui quest'uomo non ha più un nome). Non mi piace violare il corpo altrui. Non sono uno di quelli che non vede l'ora di infilare aghi e tubi nella carne di chi non può più decidere da sé. Non sono alla ricerca di quella metaforica penetrazione che per alcuni coincide con un'iniezione di autostima. L'uomo è un animale e, della bestia, conserva a livello più o meno conscio la necessità di affermare la propria superiorità, che manifesta vigliaccamente appena può.

Di quanta violenza sono costretto a essere spettatore, violenza spesso necessaria, spesso terapeutica! Di quanta violenza spesso sono io stesso il protagonista! Anziani lucidissimi legati stretti mani e piedi ai loro letti antidecubito per evitare che si strappino il tubo che oltrepassa le loro corde vocali e che viene fissato in trachea affinché li aiuti a respirare per mezzo di un rumoroso ventilatore; legati talmente stretti che le mani spesso si gonfiano. E non si può fare nulla. È giusto così.

Il significato della parola "intimità" qui assume un'accezione particolare. Nulla è più considerato intima proprietà della persona. Ogni porzione di carne è semplicemente la potenziale sede di un tubo, di un catetere, di un accesso tramite il quale, per mezzo dei farmaci, si impartiranno ordini a un corpo disobbediente. Gli si ordinerà di combattere un'infezione, di mantenere una pressione arteriosa adeguata, si ordinerà al cuore di battere, si ordinerà alla persona di guarire. Ordini frequentemente inascoltati.

Considero il mio lavoro in un'ottica trasversale, non mi piace intenderlo per come oggettivamente, e forse superficialmente, può apparire. Non credo di dovermi vedere come un vuoto esecutore di prescrizioni mediche, un esecutore di terapie e medicazioni. Voglio essere di più. Mi piace intendere la mia professione come porta per l'introspezione e l'analisi dei veri significati che mi si propongono lungo il cammino della vita. È la mia chiave di lettura. Sono uno spettatore privilegiato della vita vera.

Quando mi trovo di fronte a qualcuno che porta gli occhiali, mentre converso con lui, mi distraggo scrutando nelle sue lenti la mia immagine riflessa insieme a ciò che si trova di fianco a me o addirittura dietro le mie spalle; metaforicamente mi fa vedere il mondo con gli occhi di chi ho davanti. Quando gli occhiali li porta qualche attore in qualche serie tv, se si guarda con attenzione, sarà facile notare nelle lenti il riflesso dei teli bianchi illuminati dai riflettori che il direttore della fotografia avrà fatto posizionare per valorizzare il viso del personaggio. Ogni cosa ha sempre due facce, ha sempre un suo lato nascosto e un suo perché e credo che, spesso, questo sia molto più interessante di quello che comunica il primo colpo d'occhio.

Quando l'ago ha trafitto il braccio del numero 7, ha provocato una lieve contrazione muscolare del bicipite. C'è chi gioirebbe per questo. È un buon segno, vuol dire che avverte il dolore e questo può essere un primo passo. Che meraviglia! E se invece che essere il primo passo questo fosse l'unico passo? Preferirei essere morto.

Quando ho percepito quel piccolo spasmo provocato dall'ago mi sono improvvisamente ricordato che stavo *maneggiando* una persona, uno con un nome e un cognome, uno che ha vissuto settant'anni di emozioni, progetti ed esperienze, speranze e delusioni, scelte ed errori; che ha vissuto settant'anni di amore per gli altri e di quello degli altri per lui. O magari era un bastardo. Sì, è uno stronzo, uno che è molto meglio sia ridotto così! È un bene che il suo cranio sia una scatoletta inondata di sangue in pressione (andrà drenato) dopo quella caduta. Ma a chi voglio raccontarla? Non troverò una giustificazione a tutte queste tragedie. Questa volta non c'è proprio alcun appiglio: una scivolata in bagno è un alibi perfetto. Non riuscirò a trovare una colpa per cui sia giustificata la tragedia. Niente auto sportiva schiantata contro un muro, nessun esame tossicologico positivo, nessuna imprudenza. Destino.

Soffro molto meno quando ho a che fare con un imbecille ubriaco che si schianta in moto a duecento all'ora in qualche strada di periferia, una di quelle tutte curve che tanto attirano i fanatici della piega, quelli che godono quando il loro ginocchio sfiora l'asfalto; gli stessi che quando ci lasciano la pelle riempiono le prime pagine dei giornali locali con l'elenco delle loro qualità. Chissà perché, da morti, sono tutti ritratti come dei bravissimi ragazzi, posati, equilibrati, con la passione per la moto e per la squadra di calcio? Poveretti. Poveri missili assassini. Uccidono chi li ama.

Cerco sempre di trovare una colpa ai miei pazienti, cerco sempre di arrivare alla conclusione che se la sono cercata. È una mia forma di difesa, necessaria alla sopravvivenza nel mio lavoro. È molto più facile accusare uno sfortunato che accusare il destino, o Dio. Forse perché sapere che tutto è conseguenza delle nostre azioni mi fa sentire un po' più sicuro; mi fa credere che basterà fare il bravo e nulla potrà ferirmi. Razionalmente so che non è così, ma non posso neppure dire che sia completamente falso. Semplicemente questo modo di ragionare mi fa cercare di evitare delle situazioni che ho visto portare qualcuno in un letto di Rianimazione.

Seneca diceva: "Vivi ogni giorno della tua vita come se fosse l'ultimo". Se fosse ancora vivo gli risponderei: "Se vivi ogni giorno della tua vita come se fosse l'ultimo, non fai che aumentare la probabilità che uno dei prossimi lo diventi realmente". Un'equilibrata via di mezzo la propone Gandhi: "Vivi come se dovessi morire domani. Impara come se dovessi vivere per sempre".

La siringa di dopamina in infusione continua è quasi finita; il primo allarme della pompa, quello che avvisa che manca poco alla fine del farmaco, non è ancora suonato ma la pressione di Giovanni (questo è il nome del 7; mi sento umanamente più vicino a lui dopo averne immaginato la vita anche solo per un istante) sta già iniziando a scendere. Si è sempre tenuta sui 130/80, ma ora siamo già a 100 di massima: non è l'ideale per la perfusione cerebrale. Alcuni pazienti particolarmente sensibili ai farmaci che aiutano il cuore avvisano, con un progressivo calo di pressione, che la dopamina è quasi finita ancor prima che suoni l'allarme della pompa. Per qualche motivo la siringa, quando contiene meno di cinque millilitri, probabilmente rallenta rispetto alla velocità di infusione impostata. Cambio siringa in anticipo visto che Giovanni si è dimostrato sensibile. Me l'avevano detto i colleghi alla consegna. La velocità con cui, in questi casi, bisogna cambiare la siringa nella pompa mi ricorda il cambio gomme in un Gran Premio.

Non manca molto a mezzanotte. È ancora sabato. In lontananza sento della musica. Uno dei miei colleghi ha acceso lo stereo in sala infermieri, tanto nessuno dei pazienti si sveglierà disturbato dal volume. Riconosco la canzone, è *Everybody hurts* dei REM. Non credo di essere depresso, stasera sono solo più introspettivo del solito e, proprio ora, i REM non sono certo l'ideale per farmi cambiare umore.

Everybody hurts è la colonna sonora di un ricordo che conservo ancora di quando, otto anni fa, ero tirocinante nel reparto di Chirurgia. Solo un'immagine rubata che racchiude tutto. Solo un flash di vita di altri. Troppo per quello che potevo sopportare. Una piccola, grigia stanza di ospedale, due letti di cui uno libero. Dalla finestra aperta, insieme a una tiepida brezza, entrava la primavera profumata e la luce calda e forte del sole al tramonto. Sul letto più vicino alla finestra erano sedute, faccia a faccia, due persone delle quali potevo solo apprezzare gli scuri profili perché il sole mi accecava. Sulla destra un vecchio e sulla sinistra una donna. Padre e figlia. Parlavano quasi imbarazzati, inibiti. Lui aveva un grave tumore inoperabile che sarebbe stato il suo compagno fino alla morte, che non si sarebbe fatta certo aspettare. Non lo sapeva. La figlia lo sapeva. Io lo sapevo. È stata la prima volta che in un paziente ho visto mio padre. Ho visto un possibile futuro. Sono cambiato.

Da quel giorno mi capita spesso, quasi ogni giorno, di visualizzare l'immagine di mia madre o mio padre che appare, come un rapido abbaglio, sostituendosi all'immagine reale del paziente che ho di fronte. È un'immagine scomoda, innaturale ma insistente e quasi ossessionante. Mi fa paura. Mi chiedo spesso cosa proverò se e quando capiterà che quella visione diventi realtà. Mi chiedo se mi sarà stato utile il pensarci così tanto e il tentare di prepararmi.

Mi accorgo che, dopo il fugace contatto con il futuro cadavere di Giovanni, è già passato un quarto d'ora da quando mi sono appoggiato assorto al bancone della sua – o mia? – stanza. Un grigio bancone carico di una gran quantità di fogli bianchi e gialli sui quali viene annotato tutto quello che riguarda il numero 7, il suo corpo, la sua malattia e la sua disobbedienza alla presuntuosa medicina. È stato un quarto d'ora di immobilità fisica ma di grande attività mentale, incomprensibile però agli occhi di chi mi ha visto fissare il vuoto.

La cartella clinica è il documento che segue il paziente in ogni suo spostamento all'interno dell'ospedale e il suo ciclo di vita si concluderà naturalmente in un archivio; o in quello della direzione sanitaria – se il paziente viene dimesso dall'ospedale – o in quello dell'ultimo reparto in cui la persona è stata ricoverata, ovviamente nel caso lì sia deceduta. Solo due possibilità.

Quante volte mi è capitato di chiudere le cartelle cliniche nell'armadio del ripostiglio del mio reparto! Nel riordinarle prima dell'archiviazione, mi cade sempre l'occhio sul frontespizio del plico, la prima facciata su cui sono riportati tutti i dati anagrafici. Mi domando se gli intestatari di quelle cartelle si sarebbero mai aspettati che sarei stato proprio io a leggerle per l'ultima volta. Che strana sensazione pensare che, alla fine, una vita si è conclusa con il *clic* del lucchetto di un archivio.

A volte si impone nella mia mente la visione di un frontespizio di cartella clinica sul quale vedo scritto il mio nome e mi domando in quale armadio di quale reparto di quale ospedale sarà custodito. Spero non in questo che tante volte ho aperto io. Devo andare di nuovo in bagno… e rieccomi lì, che mi sorrido dall'acqua del cesso. Sono come tutti gli altri. Credo.

Il sonno comincia a farsi sentire, esco dalla stanza di Giovanni e mi dirigo verso la cucina. Prenderò il primo caffè di stanotte. I miei colleghi sono già al terzo, ma io avevo altro da fare: dovevo far quattro chiacchiere con me stesso. Sono soddisfatto.

È l'una di notte e il mio cervello comincia a congedarsi. Non sono un nottambulo. Sono uno di quegli sfigati che soffre se non riesce a fare le sue nove ore di sonno per notte. Domani, anzi ormai oggi (dal momento che la mezzanotte è passata), dormirò da quando arriverò a casa alle otto fino alle due di pomeriggio, se sarò fortunato. A casa ho scollegato il citofono e il mio telefono fisso è rigorosamente sempre staccato. Nessuno deve disturbare il riposo di un *daysleeper* (titolo di un'altra canzone dei REM). Domani, anzi oggi, so già che mi attenderà un po' di mal di stomaco. Dovrei prendere l'abitudine, dopo una notte di lavoro, di pranzare con cappuccino e brioche.

Questo è il prezzo che chi lavora di notte deve pagare per avere il privilegio di vedere il mondo che la "gente normale" ignora; per vedere il buio fuori dalla finestra, per poter sentire il silenzio del mondo che dorme, per poter vivere in una sorta di realtà parallela. Una realtà che non fa attendere molto prima di rivelarsi una realtà dura. Una realtà che, per mezzo di un odioso e penetrante suono elettronico, richiama me, i miei colleghi e il medico di guardia, che è stato anche lui sulle sue tutta sera.

Quel suono è un allarme rosso del monitor del letto 2, uno di quegli allarmi che, per sicurezza, non si possono disattivare neppure manualmente. Questa volta si tratta di un'asistolia. Il cuore della 2 è fermo. Sandra, si chiama – chiamava – così, è una *d.n.r.*, che significa "da non rianimare". Questo vuol dire che non c'erano più speranze di recupero, che si era semplicemente in attesa che il suo corpo non ce la facesse più, che si lasciasse andare. Non si consumerà nessuna scena tipica degli sceneggiati tv. Nessuno griderà "Libera!", "Adrenalina!", "Massaggia, cazzo, non smettere!". Nessuno griderà.

Il medico dichiarerà l'ora del decesso e inizierà a compilare un'infinita serie di moduli prestampati su carta copiativa che lo terrà impegnato per la prossima ora. Il tutto si ridurrà allo spegnimento delle pompe di infusione, del monitor (dopo aver stampato il tracciato piatto dell'elettrocardiogramma) e, quel che è più toccante, allo spegnimento del respiratore. È questo il momento forse più simbolico: spegnendo il ventilatore non si vedrà neanche più il ritmico sollevarsi del torace corrispondente ai respiri artificiali voluti dalla macchina. Da questo momento ogni collegamento con questo mondo fisico si interrompe. Il corpo ormai flaccido assume un colorito grigio con numerose macchie rossastre nelle zone di contatto con il materasso, le pupille si dilatano, la bocca non rimane chiusa.

Questo momento non mi piace affatto. Ora bisogna togliere tutti quei tubi, sondini e cateteri che tanta carica hanno dato a chi li ha posizionati. Via il tubo oro-tracheale, via il catetere vescicale, via il catetere venoso centrale, via l'arteria. Quante cose ormai inutili! Non riesco a concentrarmi appieno su quello che sto facendo. Non riesco per il sonno, per la mia mente che, a quest'ora, reclama riposo. Non riesco o non voglio?

Mi sono reso conto che ormai, anche se sono passati pochi anni da quando ho cominciato a lavorare qui, al momento del decesso di qualcuno non riesco più a esprimere quel pensiero riverente che le prime volte che ho avuto a che fare con la morte, sia in reparto che con la cara vecchia ambulanza, non mancavo di formulare. Ogni volta mi raccoglievo un attimo guardando quella porzione di spazio nell'aria sopra al corpo senza vita e mi concentravo pensando: "So che mi puoi sentire, ma io non posso sentire o vedere te. Stai tranquillo, la tua vita in questo mondo è finita, ma guarda la luce e cerca di raggiungerla. Per te comincia una nuova vita. Quella vera. Non preoccuparti di quello che lasci, guarda avanti!".

Ho sempre fatto così nell'ipotesi che sia vero quello che si racconta sul momento della morte, cioè che l'anima inizia a fluttuare sopra al corpo che ha lasciato allontanandosi da esso, rendendosi conto di quello che accade accanto e riuscendo a percepire parole e pensieri dei presenti. Ho sempre pensato che fosse un buon viatico, che consistesse in questo il vero accompagnamento del morente. Magari è così. Magari no, ma sicuramente non ho fatto del male. Se mi trovassi a fluttuare sopra il mio cadavere, non potrei che provare una sorta di conforto nel sentire qualcuno che dialoga con me anziché pensare ai fatti suoi mentre spoglia il mio vecchio io terreno dei tubi che l'hanno vestito per l'ultimo mese, anziché sentirlo pensare che quella era l'ora peggiore che potessi scegliere per morire. Proprio quando sembrava che il grosso del lavoro fosse fatto, proprio quando stava per venir su il quarto caffè. Mi sentirei quasi in colpa per averlo disturbato con la mia stupida morte.

Non so perché, ma faccio sempre più fatica a rivolgere quel forse inutile pensiero al trapassato. Faccio sempre più fatica ma mi sforzo sempre di farlo. Dovrò impegnarmi ancora di più. Deve diventare una sorta di intima prassi. Non posso essermi già abituato. Non posso far finta di nulla. Non posso far finta che la morte sia la fine. Non posso crederci.

Samuele, il medico di stanotte, sta telefonando alla figlia ormai orfana di Sandra: "Signora, le condizioni cliniche di sua madre si sono molto aggravate, sarebbe il caso che venisse qui". Questa frase è quasi uno standard. Molti preferiscono non dire già al telefono come stanno realmente le cose. È una forma di tutela per il parente che, sconvolto, potrebbe guidare fino all'ospedale senza badare alla velocità della macchina e in uno stato psichico non certo raccomandabile per la guida di un veicolo. Ma sarà giusto l'aver mentito?

Un giorno una dottoressa che stimo particolarmente mi ha spiegato il suo *trucco* per cercare di ovviare al problema del conflitto tra il dire la verità e tutelare la sicurezza di chi deve raggiungere l'ospedale per uno dei peggiori motivi per cui si possa esser chiamati. Lei avvisa subito lo sfortunato interlocutore che gli deve comunicare una brutta notizia e, dopo aver detto ciò, fa una breve pausa di silenzio. Dopo il silenzio, a seconda della domanda che le viene posta e, soprattutto, di come le viene posta, si fa un'idea di quanto chi è al di là della cornetta sia pronto a conoscere la verità e agisce di conseguenza. Potrebbe essere un buon metodo. Ognuno ha il proprio.

Tra poco la figlia di Sandra e, probabilmente, altri parenti citofoneranno alla porta del reparto per vedere la salma e darle l'ultimo saluto. Devo sperare di non rispondere io. Odio dover accogliere questo tipo di visitatori in lacrime.

Il cadavere rimarrà con noi in reparto fino a quando, in mattinata, verranno a prenderlo dalla camera mortuaria. Suona strano che la presenza di un corpo senza vita nascosto da un paravento in fondo al corridoio non mi disturbi più. Capita che, se la permanenza della salma in reparto supera la dozzina di ore, si cominci a sentire chiaramente l'odore acre della morte, lo stesso odore che mi ricordo di aver sentito diversi anni fa quando morì mio nonno, nella sua camera ardente. Non riesco a sottrarmi a questa associazione.

Terminato l'incontro faccia a faccia con la morte, in questo caso quella di Sandra, tutto torna alla routinaria normalità della notte. Torno in camera di Giovanni, gli rilevo i parametri e controllo se c'è qualche terapia da somministrare. Solo un antibiotico. I miei pazienti, se tutto va bene, non richiederanno più attenzioni per le prossime due ore. I miei colleghi hanno quasi finito e non hanno bisogno di me.

Non voglio più andare a far pipì. Non voglio incontrare ancora quel tipo in fondo al cesso.

Spengo le luci del corridoio del reparto, spengo le luci nelle camere come per voler comunicare agli sfortunati occupanti dei letti che è notte; che questa è la vera notte, non quella molto più lunga imposta dalla loro malattia o dalla sedazione. Questa è la notte in cui è giusto che dormano e che abbiano gli occhi chiusi. So che comunque non li riapriranno quando sorgerà il sole.

Quando i freddi neon sono spenti, in sala infermieri, le uniche fonti di luce sono i monitor delle telecamere delle stanze e i televisori che mostrano, a distanza, i parametri vitali di ogni nostro ospite. Una traccia verde per l'elettrocardiogramma, una rossa per l'onda della pressione arteriosa e una azzurra per la saturazione dell'ossigeno nel sangue. A pochi centimetri l'una dall'altra, ricordano le onde del mare come spesso le rappresentano i bambini nei loro disegni ingenui.

Mi siedo su una poltrona e, mentre attendo che i miei colleghi mi raggiungano per una meritata *siesta*, appoggio la testa sul tavolo davanti a me nascondendola tra le braccia incrociate; la stessa posizione che, alla scuola materna, suor Clara mi faceva assumere per il riposino dopo pranzo.

Finalmente siamo tutti seduti. Ci appoggiamo rilassati allo schienale delle poltrone. Le colleghe, a questo punto, cercano sempre di sollevare le gambe su una sedia possibilmente più alta di quella su cui si trovano perché hanno l'esigenza di sgonfiare le caviglie posizionando le gambe in scarico. Donne. Si cospargono le mani secche e provate dai frequenti lavaggi con qualche crema grassa e unta di cui vantano i pregi tra loro. Donne.

Il silenzio è ritmato solo dal rumore dei respiratori. È un suono che stranamente mi rilassa. Lo trovo rassicurante: è come quando, da piccolo, sentivo forte il respiro di mia mamma se rimanevo abbracciato a lei premendo il mio orecchio al suo torace. Mi rilasso a tal punto che inizio a sognare.

Sogno che sono piccolo, che sto imparando ad andare in bicicletta per la prima volta senza le rotelle. Non mi sento sicuro e non ho ancora imparato a fare le curve. Non riesco a frenare e vado contro un'auto. Sobbalzo sulla poltrona e mi sveglio di colpo. A volte mi capita quando il sonno è nella sua fase meno profonda. Credo che il mio spavento non sia passato inosservato.

Mi assopisco nuovamente e le immagini oniriche ricompaiono presto nella mia mente. Stavolta sono in auto e sto guidando su una strada larga e poco trafficata. Piove. Trovo tutti i semafori rossi e sono costretto a fermarmi ogni volta con il rumore del tergicristallo che scandisce l'attesa del verde. All'improvviso le nuvole svaniscono e si schiudono su un cielo meravigliosamente azzurro e terso; il sole illumina l'asfalto e riparto. Da quel momento la strada prosegue dandomi l'impressione di essere infinita. Tutti i semafori ora sono verdi. Non mi fermo più.

Mi domando se questo sogno non sia una metafora della mia vita. Mi chiedo se possa esserci una correlazione tra i semafori rossi sotto la pioggia e le incertezze, il disorientamento e gli sbagli della gioventù; tra le continue soste in attesa del verde e la rotta sbagliata nella vita reale; tra l'asfalto poi illuminato dal sole, i semafori verdi e la giusta strada, la consapevolezza del mio percorso nell'esistenza reale della mia età adulta.

Sono ormai le quattro. Tra tre ore potrò uscire di qui. Suona il telefono. La voce di una collega del Pronto Soccorso mi dice che hanno bisogno con urgenza del rianimatore in sala rossa (quella dei casi più gravi) perché è arrivato un ragazzo politraumatizzato da incidente d'auto. Era incosciente, già intubato dai soccorritori del 118 tra le lamiere; sospettano un'emorragia interna. Doveva succedere, è sabato notte. Chissà se quel ragazzo è uno di quelli che avevo incrociato poco prima, venendo al lavoro, chissà se indossava ancora la sua maschera sorridente, se si è dissolta con lo schianto o se gli è stata sfilata da quelli dell'ambulanza? Chissà se i suoi genitori sono già stati avvisati, chissà se invece stanno ancora dormendo ignari o se magari lo stanno aspettando svegli sul divano come tutti i fine settimana? Chissà se sono ancora vivi e se sono stati dei buoni genitori?

Comunque vada a quel ragazzo, la mia notte non potrà essere più turbata di quanto non lo sia già stata. Probabilmente gli sarà necessario un lungo intervento. Probabilmente, secondo il mormorio delle voci che in questi casi cominciano a percorrere l'ospedale in tempo reale, non ce la farà. Non mi tocca. È facile stavolta trovargli una colpa. Mi vergogno di questo pensiero. Manca ormai poco a fine turno. Manca poco al momento in cui il silenzio della notte verrà rapidamente soffocato dal rumoroso vociare mattutino: è già ora di fare l'ultimo giro nelle stanze per controllare di aver lasciato tutto in ordine, per controllare che tutto quello che potrà servire quando arriverà il collega che mi sostituirà sia già pronto e per verificare che gli allarmi dei monitor siano tutti attivi. Tutto ok. Il mio cervello può spegnersi. Il mio cambio è arrivato e gli passo le consegne. Sono libero. Libero di uscire, libero di addormentarmi mentre guido verso casa.

IN BIANCO E NERO NEL RETROVISORE

Il primo bacio

Giulio. Letto 6. Mi ricordo di lui perché è stato un paziente con cui si era instaurato un buon rapporto, quasi empatico. Non mi accade spesso. Lo stimavo molto per il modo in cui si poneva, con coraggio ed equilibrio, nei confronti della sua malattia. Era affetto da un tumore cerebrale particolarmente aggressivo. Chissà se è ancora vivo?

Ho conosciuto Giulio un paio d'anni or sono. Avevo già indossato la divisa azzurra e stavo salendo in ascensore al mio reparto. Un esile uomo sulla settantina, vestendo sul suo viso rugoso un sorriso magnetico, mi chiese educatamente di indicargli dove fosse l'ambulatorio di Neurochirurgia, nel quale si occupano degli esami pre-ricovero. Mi fece subito una buona impressione: trasmetteva una piacevole sensazione positiva, come a volte capita quando ci si trova di fronte a un'anima buona e serena. Un'anima soddisfatta della vita trascorsa. Riusciva a trasmettere parte di quella serenità e attraeva a sé chi incontrava. Nei suoi occhi brillava qualcosa di speciale.

A seconda di quale sia l'ambulatorio o il reparto che un utente deve raggiungere, ci si può già fare un'idea del destino che lo aspetta o, almeno, si può immaginare quali saranno i problemi che dovrà affrontare. Preferisco di gran lunga essere fermato mentre cammino per i lunghi corridoi dell'ospedale per indicare dov'è il bagno più vicino o il bar o, meglio ancora, l'uscita. L'ambulatorio di Neurochirurgia non è una destinazione tranquillizzante.

Una settimana dopo il mio incontro con Giulio in ascensore, il suo e il mio destino hanno voluto che ci incontrassimo di nuovo. Lo accettai come mio paziente per monitorarne il decorso postoperatorio in Rianimazione. Qualcosa durante l'intervento non era andato per il meglio: la perdita di sangue durante la delicata operazione al cervello era stata più copiosa del previsto. Succede.

Fortunatamente il risveglio dell'uomo fu rapido e senza complicazioni. Alla sospensione dei farmaci che lo tenevano addormentato, riemerse progressivamente dal sonno artificiale in poco più di dieci minuti. Sapeva dove si trovava, sapeva che giorno era, le sue pupille erano perfettamente uguali tra loro e reagivano alla luce; la cute delle sue mani e dei suoi piedi conservava perfettamente la sensibilità e riusciva a muovere le dita in modo coordinato e senza difficoltà.

Quando riaprì gli occhi mi riconobbe subito. Sorprendente! Mi disse che si ricordava di me per il nostro incontro della settimana prima nell'ascensore. Io non riuscivo a ricordarmi di lui forse perché non sono un gran fisionomista, forse perché i lineamenti del suo viso erano un po' nascosti dal bendaggio del capo o forse perché la sua espressione era provata dalle sette ore d'intervento affrontato. Per farmi sovvenire quello scambio di parole che c'era stato tra noi nell'ascensore, aggiunse che mi aveva chiesto dove fosse l'ambulatorio nel quale aveva l'appuntamento per la visita con il neurochirurgo, e disse che di tanti passanti in divisa aveva scelto di rivolgersi a me perché sorridevo serenamente mentre schiacciavo il pulsante del quarto piano sulla tastiera dell'ascensore.

Mentre mi parlava, sul suo viso comparve nuovamente quel sorriso e quell'espressione che tanto mi avevano colpito durante il nostro breve scambio di parole, avvenuto prima che l'aprirsi delle porte dell'ascensore ci separasse.

In lui avevo cominciato a rivedere mio nonno. Non capivo perché. Qualcosa ci legava.

Dopo il primo esame neurologico successivo al risveglio e dopo che ci eravamo ritrovati, decisi di lasciarlo riposare un po'. "Torno tra un'oretta e poi facciamo quattro chiacchiere. Ora riposi!", gli dissi, accarezzandogli la mano.

Quanto vorrei non dover mai vedere sui cuscini di questi letti i visi di chi ho conosciuto fuori di qui!

Stava tramontando il sole: lo si intuiva perché fu necessario accendere le lampade al neon del corridoio, perché la luce si stava rapidamente riducendo. Giulio era arrivato dalla sala operatoria quasi due ore prima. Dopo un po' di riposo, tornai nella sua stanza; gli avevo promesso che avremmo fatto una chiacchierata.

Mi rivolsi a lui toccandogli delicatamente la spalla: "Giulio! Sta dormendo?". Aprì lentamente gli occhi e mi domandò: "Sei qui per scambiare due parole con me? Hai mantenuto la promessa? Questo tipo di promesse non vengono onorate spesso dai tuoi colleghi che sono sempre di corsa!".

"Ti ricordi il tuo primo bacio?" aggiunse, lasciandomi spiazzato. Sentivo con lui un legame inspiegabile: qualcosa dentro me lo faceva percepire come uno di famiglia. Avvertivo un sentimento d'amore diffondersi dalla sua persona. Amore per me, per tutti, per la vita.

"Sì, me lo ricordo. Niente di speciale. Anzi, è stata un'esperienza quasi deludente!" replicai dopo un istante di silenzio. "Tutto è speciale. Devi saper trovare la magia anche in ciò che vorrebbe passare inosservato davanti ai tuoi occhi! Non accorgertene tardi, te lo dico come fossi tuo nonno!". Mi stava leggendo dentro.

Dopo un sorriso tra i più sinceri che io riesca a ricordare, mi regalò un monologo che non mi sarei certo aspettato da un estraneo a cui avevano da poco richiuso il cranio dopo averci frugato dentro per ore. Mi teneva la mano. Era lui che la teneva a me, non io a lui.

"Spesso – non so perché né da dove vengano – mi rimbalzano in mente queste parole: 'Il momento in cui inizi a vivere di ricordi è quello in cui stai realmente cominciando a invecchiare'. Non so se questa frase rappresenti la soluzione al dubbio legittimo che prima o poi assale ognuno di noi riguardo alla propria posizione sul cammino della vita. Sicuramente bisogna intendersi sul significato del termine *invecchiare*. Che cosa vuol dire? Non è forse vero che da quando mettiamo il musetto fuori dall'utero materno comincia il fatale conto alla rovescia? Chi è giovane? Chi sono i vecchi? Sembrerà banale ma ogni individuo pensante possiede la propria risposta a patto che – cosa per nulla scontata – si sia posto la domanda. Quello che è certo è che io sono senza dubbio un vecchio.

Come quasi tutti i ragazzi, ho sempre nutrito uno spiccato interesse per l'altro sesso e, sfortunatamente, come la maggioranza di loro, ho sempre avuto grossi problemi nel realizzare tutte le fantasie più o meno romantiche, proprie del mio fisiologico ruolo di maschio impollinatore.

Andando indietro nel tempo e scavando nella memoria, riemerge qualche evanescente ricordo. Sta di fatto che fino ai tredici anni circa, in pratica fino alle scuole medie, il mio cuore è sempre stato in subbuglio; era costantemente impegnato a innamorarsi di figure più o meno realistiche ma comunque sempre idealizzate. È sempre andata bene così fino al risveglio ormonale vero e proprio. In sintesi si può dire che fino all'estate tra la fine delle scuole medie e l'inizio del liceo, che mi potevo permettere perché ero di famiglia benestante, tutta la mia vita sentimentale si sia consumata da qualche parte dentro il cervello. Spero non me l'abbiano guastato durante l'intervento di oggi.

Si può dire che il vero inizio della carriera di amatore di un ragazzo coincida con il primo bacio. Ricordo che mi ero dato un ultimatum: dovevo assolutamente baciare una ragazza entro l'inizio delle scuole superiori. Non sarei certo potuto andare dai nuovi compagni e presentarmi loro dicendo che non avevo mai baciato! Avrei eventualmente potuto millantare inesistenti successi, ma si sa che le bugie hanno le gambe corte!

Era agosto ed ero in vacanza in una sorta di colonia dell'oratorio al mare in Toscana, uno di quei posti pieni di ragazzini, dove si respirava un'aria che definirei, per i miei canoni, a dir poco libertina: avevo addirittura la possibilità di partecipare a feste in cui si ballava davvero senza che mi sentissi obbligatoriamente dell'umore di fare da carta da parati.

Ovunque c'era tantissimo verde, prati curatissimi e rigogliose pinete. I maschi dormivano rigorosamente separati dalle ragazze, come se aleggiasse il timore che il numero degli ospiti della colonia potesse aumentare nel corso del mese di vacanza grazie alla scappatella di qualche giovane seduttore.

Durante quella vacanza mi ero preso una sonora cotta per una bellissima francesina. Con lei ricordo di aver ballato un lento a una festa sulla spiaggia dove ci eravamo conosciuti e di essere riuscito, superando a fatica il solido muro della timidezza e dell'inesperienza, a darle un bacio sul collo. Ormai era fatta; bastava passare al livello successivo, la bocca, ma, manco a dirlo, non ho osato e mi sono convinto che per il momento potevo già ritenermi soddisfatto: grandissimo errore di cui mi sono pentito per anni! Come sarebbe stato bello se il mio primo bacio fosse stato con lei! Quando una ragazza accetta di ballare un lento abbracciata a te e non si scosta al primo bacio sul collo, è praticamente matematico che al bacio sulla bocca si arrivi senza problemi... ma questo non lo si impara certo alla prima lezione!

Purtroppo l'insieme degli eventi che hanno fatto da cornice al mio primo bacio non è stato molto ricco di romanticismo. La stessa spiaggia in cui avevo conosciuto l'inarrivabile francesina era frequentata anche da un gruppo di ricche ragazze inglesi che, durante il giorno, si allontanavano un po' dai genitori fino a giungere sulla spiaggia accanto a quella della colonia. I confini fra le due spiagge erano incerti, così ero riuscito a intessere qualche rapporto basato sull'insegnamento reciproco di qualche parola nelle rispettive lingue madri.

Ebbene, venendo al punto, il mio primo bacio l'ho dato alla mia *prof.* di inglese: una ragazza carina, di qualche anno più grande di me, ma della quale non riesco a ricordare neppure i lineamenti. Non ne ero innamorato, anzi, forse neppure mi piaceva particolarmente; con la francesina dei miei sogni non aveva nulla a che fare.

Il bacio vero e proprio è stato preceduto da una contrattazione sul tipo di bacio che ci si doveva scambiare e sulla sua durata: si era deciso per un *with the tongue for a minute* (con la lingua per un minuto). Il realtà è stato un *with the tongue for five seconds* (con la lingua per cinque secondi) perché nel luogo che avevamo prescelto per onorare il contratto – una sorta di sottoscala dell'edificio della colonia nel quale ci eravamo introdotti furtivamente – eravamo spiati dalle amichette della *prof.* che si sono fatte scoprire a causa delle loro rumorose risate. Ma ero io a far ridere? Non lo so, molto probabilmente sì.

Ci siamo separati andando in direzioni opposte e, in particolare, io mi ricordo di essermi inoltrato nella pineta poco distante dove ho sputato ripetutamente a terra come per depurarmi da quell'eccesso di saliva altrui che mi ritrovavo in bocca. Con l'espressione ancora disgustata impressa sul volto, mi complimentavo con me stesso per aver messo in pratica alla lettera gli insegnamenti di qualche amico più grande o più esperto o forse solo più bugiardo, che prescrivevano che durante il bacio si dovesse girare la lingua velocemente in senso orario.

L'esperienza non è stata traumatizzante ma neppure incoraggiante e, comunque, senza alcun dubbio poco poetica. Il primo bacio non è stato una scoperta di cui non potessi tranquillamente fare a meno per parecchio tempo... e così fu! Tra il primo e il secondo bacio passarono anni.

Credo sia sempre utile guardarsi alle spalle e vedere che cosa si è lasciato sul cammino che si è percorso, in modo da trarne spunti per il futuro, da evitare errori già commessi e da riuscire a pilotare la propria vita nella direzione desiderata, ma soprattutto... è utile riderci sopra!"

Parlava come un ragazzo della mia età, non dimostrava sulle spalle settant'anni di vita, certamente più dura della mia. Il suo poteva quasi sembrare un racconto ambientato nei giorni nostri. È proprio vero che, alla fine, la storia è un continuo ripetersi degli stessi eventi.

Lo avevo ascoltato in silenzio per tutto il tempo della sua tenera condivisione di vita con me. Mi commossi. Durante il racconto del quale mi sentivo onorato a essere il destinatario privilegiato, soffermavo il mio sguardo sui suoi movimenti un po' impacciati e ostacolati dai deflussori delle flebo che lo sfioravano mentre cercava di gesticolare e sui suoi occhi che brillavano di vita.

Non so se fosse lui a parlare oppure fosse la sua paura che il futuro non gli riservasse da vivere tutto il tempo che avrebbe desiderato. Mi confermò che nelle piccole cose, anche in quelle che possono sembrare insignificanti, si può e si deve trovare la scintilla giusta. La scintilla della vita.

Silenzio. Ripensai al mio primo bacio.

SEI SPECIALE

Oggi resto a casa. Questa giornata non sarà guastata da nessuno che cercherà di morire durante il mio turno. Oggi mi dedico a me. Riposo.

È lunedì, e nessuno mi farà compagnia perché sono l'unico della cerchia delle persone che frequento che lavora su turni, week end compresi. A dire la verità, al contrario di quello che si potrebbe pensare, non mi dispiace affatto perché la condizione di turnista mi obbliga a dedicare parecchio tempo alla convivenza con me stesso e mi regala la possibilità di visitare il mondo nei suoi momenti spenti, quando sono tutti imprigionati in qualche ufficio, in qualche fabbrica o in qualche attività dalla quale vengono nutriti; quando il mondo vero cerca di nascondersi.

È bello poter passeggiare per le strade del mio paese in una mattina soleggiata, soprattutto in primavera, ed essere invitato in un bar del centro da un buon profumo di cappuccino e cornetti. È bello potermi fermare a far quattro chiacchiere nel viale alberato con la mia vecchia maestra delle elementari che ora sfoggia il suo sorriso materno incorniciato da ordinati capelli bianchi. È ancora come la ricordo quando l'ammiravo dal mio piccolo banco in seconda fila; sembra che il tempo per lei non sia passato. Ieri le arrivavo all'ombelico, oggi la guardo dall'alto. Spesso la incontro mentre attraversa la piazza del paese spingendo il passeggino dal quale il suo nipotino comincia a conoscere l'universo che lo ospiterà e che gli offrirà i suoi frutti. Speriamo che li sappia cogliere.

I volti delle persone che si incontrano in giro per il paese nei giorni feriali sono sempre gli stessi; li conosco quasi tutti. Molti sono pensionati, casalinghe, giovani mamme con i loro bambini al seguito o i pochi fortunati come me. Mi fanno sentire a casa. Non indossano maschere, non gli servono. Sono tutti veri. Non devono fare carriera.

È un bel quadretto guastato solo di tanto in tanto dal rombo di qualche SUV guidato dalla tipica finta donna manager elegante. Se lo sarà fatto acquistare dal marito incravattato con la condivisa giustificazione che è il mezzo di trasporto ideale per garantire la sicurezza del loro fragile figliolo lungo il pericoloso tragitto verso la scuola elementare che frequenta. In realtà è semplicemente uno strumento di affermazione sociale. Il figlioletto, appena accompagnato a scuola, farà a gara con i suoi amichetti su chi è sceso – a fatica – dalla macchina più grossa. Inizia già a indossare una maschera. Non se la toglierà facilmente. Probabilmente non ci proverà neppure.

I miei giorni di riposo infrasettimanali sono completamente imperniati sul relax. Niente sveglia, caldo piumone fino a mattina inoltrata, poi una doccia veloce e sarà già ora di prepararmi il pranzo: oggi opterò per una semplice pasta al sugo e una bistecca alla piastra con un poco di insalata. Non sono un asso dei fornelli. Pranzerò da solo.

I mitici *A-Team* e *Starsky & Hutch* in televisione mi tengono una nostalgica compagnia fino all'ora di rifocillarmi.

Non pranzo tardi. Poco prima di mezzogiorno metto l'acqua sul fuoco e ci aggiungo il sale a freddo anche se so che, facendo così, ne ritardo l'ebollizione. Se non salassi subito l'acqua, sicuramente me ne dimenticherei. Meglio mangiare un minuto più tardi, ma non certo pasta insipida.

Rimpiango parecchio i pranzi che, fino a qualche anno fa, facevo a casa con i miei genitori: quei pasti consumati al cospetto della mia premurosa mamma e del mio austero e silenzioso padre. Il profumo della cucina di quella esile donnina mentre mi preparava i suoi manicaretti è inimitabile e il solo pensiero mi apre la mente a mille ricordi di un'infanzia perduta, cancellata dalla vita. Quell'infanzia non tornerà.

Ricordo quando, all'età di circa tre o quattro anni, mi sedevo sulle ginocchia di mamma mentre, avvolti dal profumo del cibo che stava cuocendo, aspettavamo insieme di vedere dalla finestra della cucina mio padre che tornava dal lavoro la sera, quando fuori già era buio. Mentre eravamo in attesa di scorgere attraverso la siepe del giardino i fari della 127 di papà che si sarebbero fermati davanti al cancello chiuso, dopo averci abbagliato solo per un istante nell'ultima curva, mamma mi cantava sempre questa filastrocca: "Batti batti le manine che arriverà papà!". Come era armoniosa quella voce!

Non so perché, ma avevo sempre una gran paura che papà potesse non arrivare. Chissà se è sempre stata una preoccupazione solo mia. Puntualmente i fari comparivano, il babbo apriva il cancello e ci salutava con la mano. Che bella famiglia! Che fortuna ho avuto! Che cosa sarebbe successo se una di quelle sere non fosse arrivato? Non voglio pensarci.

Mia mamma è dolcissima. Piccolina e con il viso di una bambolina ormai non più giovane. Ha passato tutta la vita sacrificandosi esclusivamente per la famiglia: per mio padre e per me, anzi, per me e per lui. La nostra felicità è sempre stata la sua soddisfazione. Ha sempre vissuto puntando sulle cose essenziali: sull'unione familiare, sulla cura della casa, sulla soddisfazione dei bisogni dei suoi cuccioli e quasi mai dei propri desideri.

Ha avuto un'infanzia difficile. È stata strappata alla sua famiglia a soli otto anni per colpa del bisogno di mangiare. Era di famiglia poverissima e, ancora bambina, si è trasferita dal Sud

Italia al Nord, dove i suoi zii potevano permettersi di mantenerla. Mi viene un nodo alla gola quando mi imbatto in una sua foto di giovane donna e, alzando lo sguardo, la trovo invecchiata e provata dalla vita. Gli anni le hanno rubato il colore dei capelli, la forma della chioma, la flessibilità del suo corpo e le hanno lasciato sul viso i segni del tempo. Quando le guardo le mani capisco che non sono più giovani: sono comparse le tipiche macchie scure che segnano la pelle degli anziani e le articolazioni delle falangi sono visibilmente deformate dall'artrosi. Vorrei poter tornare indietro.

Gli anni le hanno portato via i sogni ma le hanno regalato la realtà. Le hanno rubato gran parte del futuro ma le hanno regalato il passato.

Un'altra canzoncina che mi cantava spesso quando ero piccolo conteneva le parole "I figli crescono e le mamme imbiancano". Non riuscivo immaginare i suoi capelli bianchi. Mi ricordo che non volevo sentire quella frase, mi faceva paura. Non volevo ammettere che il tempo avrebbe cambiato le cose. Mi arrabbiavo e piangevo battendo i piedini sul pavimento. Quella filastrocca aveva ragione. Sono cresciuto e la mamma è imbiancata. Anche oggi, ripensandoci, mi capita di piangere.

Quanto tempo è passato da quando stavo imparando a scrivere in stampatello minuscolo! Non riuscivo a fare la "a", era troppo difficile, non mi veniva mai bene. "Non ti muovi di qui finché non l'avrai scritta come si deve!". Ci ho messo più di tre ore. Grazie mamma.

Quante parole d'affetto avrei voluto dirle in questi trent'anni e più. Non ci sono mai riuscito e ancora oggi non riesco. Non sono un tipo dalle facili manifestazioni sentimentali. Quanti "Grazie" avrei voluto sussurrarle durante un abbraccio, quanti "Ti voglio bene" che non sono mai usciti dalla fessura troppo stretta tra le mie labbra. Troppi. Sarebbero l'unica gratificazione che potrei darle, oltre a renderla partecipe del fatto di essere felice della mia vita. Lo farò. Devo farlo prima che sia tardi.

Qualche volta mi è capitato di avere la ferma intenzione di esprimere il mio amore per lei, ma quando è stato il momento, l'abbraccio che avevo in mente non si è mai tradotto nella realtà. Guardarla negli occhi mi ha sempre frenato, forse per paura di scoppiare in un pianto stupidamente poco virile o forse per paura che quell'abbraccio fosse l'obiettivo della sua vita, raggiunto il quale si sarebbe lasciata morire. Forse, egoisticamente, non gliel'ho mai concesso proprio per tenerla vicino. Rimedierò. Lo sto già facendo.

Mio padre è completamente diverso. Lui è sempre stato quello che doveva scegliere il castigo giusto, quello che temevo venisse a sapere della marachella che avevo combinato. "Non dirlo a papà, ti prego": quante volte ho pronunciato questa supplica.

Lui è sempre stato quello che era al lavoro, quello che tornava tardi la sera perché si sacrificava per noi, quello che non era capace di calciare il pallone verso di me e che mi sgridava se giocavo da solo tirandolo contro il muro perché si sporcava facilmente, o contro il portone di ferro del garage perché faceva troppo rumore.

Mio padre, da giovane, sognava di fare il restauratore di opere d'arte. Voleva fare il liceo classico. Una notte è stato svegliato dagli schiaffi di sua madre: quelle sberle avrebbero dovuto convincerlo a iscriversi a ragioneria. Ci sono riuscite. Ha passato tutta la vita in una banca nella grigia periferia di Milano. Non lo capisco. Avere un figlio ragioniere che lavora in banca era, per la generazione dei miei nonni, quello che per la mia generazione potrebbe essere il possedere un SUV (si nota che li odio, vero?). È una gigantesca forzatura, ne sono conscio, ma rende l'idea.

Il "ragionier papà", sempre in giacca e cravatta – o, per un paio d'anni di iper-originalità, giacca e farfallino – non ha mai fatto grande carriera perché non è mai sceso a compromessi. Non ha mai leccato i culi che volevano saliva. I culi che sarebbero stati le chiavi per l'ascesa nella sporca gerarchia aziendale. I culi giusti. Lo ammiro. Io avrei senza dubbio mollato oppure sarei impazzito. Lo faceva per la sua famiglia.

Quando rientrava a casa vestito del suo completo grigio, lo guardavo ammirato mentre sedevo sul primo gradino delle scale nell'ingresso di casa, lo studiavo mentre salutava mamma con un bacio e aspettavo che mi chiedesse cosa avevo fatto durante la giornata. Speravo sempre di inorgoglirlo con quello che gli raccontavo. Solo raramente ci riuscivo. Speravo di diventare come lui. Volevo anch'io un bel completo grigio.

Fisicamente papà è alto e robusto, non grasso. Pochi capelli ormai grigi e grossi occhiali. È, ed è sempre stato, uno di poche parole; uno che sa sempre cosa bisogna fare; uno che riesce a far fare agli altri quello che vuole. Uno che sa condizionare solo con poche parole e sguardi. Lo ricordo sempre freddo, distaccato, razionale e pessimista in ogni situazione che la vita gli ha proposto, ma anche lui ha saputo piangere. Ricordo le lacrime sul suo viso durante il funerale dei suoi genitori o quando hanno comunicato a mia mamma che il suo seno ospitava un tumore e poi chissà quante volte l'ho fatto piangere io stesso. Poche di queste volte, però, si è fatto scoprire. È orgoglioso. Mi avrebbe fatto piacere vederlo più spesso con le lacrime agli occhi a causa mia. L'avrebbe reso più umano.

Quante volte abbiamo litigato, gridato, quante volte da piccolo le ho prese. La sensazione della faccia gonfia, calda e desensibilizzata dagli schiaffi era orribile. Ogni volta piangevo.

Ma ogni volta che accadeva era sempre meno a causa del senso di colpa che potevo avere o a causa della tristezza per la situazione che si era creata e sempre più per la rabbia e il rancore. Questo è stato il meccanismo che ha portato il nostro rapporto a una disarmonica cicatrizzazione.

Raramente i conflitti sorgevano per questioni di sostanza, quasi sempre il problema era la forma, il modo con cui mi rivolgevo a lui, la parola sbagliata, lo scatto di nervi. Non potevo reagire mai a nulla se non con un composto dialogo che avrebbe sicuramente portato alla conclusione che ero in torto e parecchio stupido. Era impossibile per me non reagire. Non poteva sempre finire così. E invece sì.

Ho sempre mandato giù e sono sempre stato io quello che ha chiesto scusa anche quando sapevo che non avevo nulla di cui scusarmi se non di essere me stesso, o almeno questa è sempre stata la mia percezione. In più di trent'anni di vita avrò sentito le parole "Scusami, ho sbagliato", pronunciate dalla sua bocca al massimo due volte. Sono state musica. Mi domando se statisticamente sia possibile che, su una vita di contrasti, la colpa si sia sempre trovata dalla stessa parte. Non credo.

Ho sempre vissuto come se quello che facevo o che ero non fosse mai sufficiente o fosse addirittura sbagliato, come se le scelte che operavo non fossero mai quelle migliori; molto raramente mi sono sentito incoraggiato, più spesso, invece, vivevo le mie decisioni come una sfida. Dovevo dimostrare che, nonostante non fossi appoggiato, ce l'avrei fatta. Dovevo dimostrare che avevo ragione io. Dovevo dimostrare di poter essere motivo di orgoglio.

Questo rapporto malato si trascina ancora. Questo rapporto malato mi ha buttato fuori di casa. Questo rapporto ha contribuito a farmi diventare quello che sono.

Diverse volte, nel corso degli anni, mi è capitato di dover partecipare al funerale di qualcuno, generalmente di parenti più anziani e con cui spesso non avevo stretti legami. Cerimonie che non riuscivano a tenere la mia mente ancorata alla realtà ma che la lasciavano vagare tra le sue distrazioni. I funerali che più mi hanno lasciato il segno e durante i quali ho provato vero dolore sono stati quelli dei miei nonni, ma ero ancora piccolo e non capivo lucidamente cosa stesse accadendo né, tantomeno, avevo elaborato una mia idea della morte e del senso della vita.

Ogni volta che ho preso parte a una cerimonia funebre, a prescindere dal mio effettivo coinvolgimento emotivo, la mia attenzione è sempre stata rapita dal comportamento dei figli del defunto e dall'espressione del loro dolore. Ho sempre creduto, e ne sono ogni giorno più convinto, che la manifestazione umana della sofferenza più grande che si possa provare sia proprio quella del pianto sulla bara di un genitore – o, forse peggio, su quella di un figlio – e mi sono sempre chiesto come la si possa affrontare e superare.

Ho notato che, quasi sempre, tra le lacrime erano nascosti i rimpianti e troppo spesso i rimorsi. Ho sempre pensato che, per quanto la morte sopraggiunga spesso inaspettata, non bisogna farsi cogliere impreparati e bisogna cercare di non lasciarsi alle spalle dei rimorsi: bisogna non aver mai omesso di dire qualcosa o di chiarire una situazione. Non bisogna lasciare pratiche aperte. Non bisogna trovarsi a pronunciare le parole: "Se solo avessi detto", "Se solo avessi fatto".

Bisogna dirlo! Bisogna farlo!

Se in questo preciso istante mi trovassi catapultato al funerale di mio padre, mi troverei a riempire ogni lacrima di *se avessi*. "Papà, se ti avessi capito", "Se mi avessi capito…".

È pronta la pasta. La scolo e la condisco. Comincio a pranzare in soggiorno davanti alla televisione. Non gusto particolarmente il pranzo. Sono solo.

All'ora di pranzo i palinsesti delle tv prevedono che ci sia un telegiornale praticamente su ogni canale. I primi quindici minuti di servizi raccontano minuziosamente di stragi, tragedie e morti violente con tanto di particolareggiate immagini e sguardo triste del mezzobusto in giacca e cravatta e poi, dal sedicesimo minuto di trasmissione, come grazie a un colpo di spugna, cambiano tono e fanno dimenticare tutto quello che di terribile hanno cinicamente proposto con un servizio su un bel paio di tette della soubrette del momento o con qualche primo piano degli occhioni in cerca di affetto di qualche tenero cucciolo di labrador. Che nervi!

I miei pensieri non mi fanno godere del cibo come vorrei e non me lo fanno gustare come se fossi in compagnia, se non fossi seduto sul divano con il piatto nella mano sinistra, la forchetta nella destra e papà nella testa.

Sprofondo nuovamente nei miei pensieri.

Credo che a questo punto della mia vita l'unico vero problema che ho, l'unica pratica aperta da sistemare e da mettere in archivio, sia il rapporto con mio padre. Più volte, nel corso degli anni, ci siamo parlati a questo riguardo e siamo sempre giunti alla conclusione che il nostro problema non è risolvibile perché deriva da una profonda differenza caratteriale e da una radicatissima differenza nel modo di vedere la vita, dalle piccole alle grandi cose. Abbiamo capito che questo non deve essere un problema e che non ci deve impedire di vivere il nostro rapporto serenamente. Non ci capiamo e basta, ma non è scritto da nessuna parte che tutti debbano capire tutti: dobbiamo solo rispettarci e accettarci. Questa è la conclusione che, più volte, abbiamo raggiunto ragionando razionalmente. Siamo pari.

Possiamo morire senza rimorsi e rancori, cosa che, in effetti, da quando per lavoro mi confronto così spesso con la morte, è l'unica che mi interessa davvero riguardo al rapporto con gli altri, e soprattutto con i genitori che, in fondo, sono le uniche persone il cui amore per me è e sarà sempre incondizionato.

Sono le persone più preziose. Non devo perderle. Devo essere sempre pronto in caso venisse la mia ora o quella di chi amo.

Nella pratica, però, non va proprio così. Nella realtà di tutti i giorni le cose non filano così lisce come nella pura filosofia. Ogni volta che ci troviamo, ormai saltuariamente, a tavola insieme - questo è l'unico rito che possiamo ormai condividere - si avverte sempre attrito, tensione. Sia io che papà parliamo con mamma liberamente e serenamente ma tra noi lo scambio di parole è quasi nullo. Perché? Io difficilmente inizio un discorso rivolgendomi a lui poiché ho sempre il timore di ricevere un giudizio negativo, un cenno di disapprovazione o di sufficienza e magari anche una lezione non richiesta. Lui non si rivolge a me perché teme una mia reazione eccessiva, maleducata. Ha ragione. Mi rendo conto di aver sempre una reazione smodata a qualsiasi cosa provenga da lui: è un riflesso condizionato. Come il cane di Pavlov salivava al suono della campana che era stato abituato ad associare all'arrivo del cibo (anche quando il cibo non gli veniva più portato), così io vivo come sfida o provocazione qualsiasi stimolo messo in atto da lui.

Tutto ciò non è che un perpetuarsi del fulcro malato del rapporto che si è instaurato tra noi fin dall'infanzia. Ogni volta si ripete tutto daccapo.

Chissà se questo tipo di problemi nel rapporto padre-figlio sono frequenti, chissà se sono io quello strano. Per fortuna, guardandomi attorno, mi rendo conto che è una cosa normale; una cosa che fa parte del cerchio della vita e degli inevitabili scontri generazionali. Ho molti amici sulla mia stessa barca. Remeremo insieme.

Mi trovo comunque in un circolo vizioso del quale non vedo soluzione. È una situazione dalla quale voglio uscire. Voglio. Voglio percepire affetto incondizionato. Voglio essere fonte di orgoglio. Voglio superare la mia infanzia e mi accorgo che non lo sto facendo; mi accorgo che si è inceppato qualcosa nel mio meccanismo di crescita e questo qualcosa va individuato con precisione e sconfitto. È un mio obiettivo. Voglio crescere.

Mi è passata la fame. Mangerò la bistecca e l'insalata questa sera a cena.

Se la felicità fosse un puzzle, questo sarebbe l'unico pezzo mancante. Quel pezzo che devo cercare nella scatola ormai vuota, sul pavimento, sotto al divano. Ovunque possa essere, devo trovarlo.

Spesso mi sono fermato a pensare a come trovare una soluzione concreta a questo mio problema. Ho avuto mille idee e, per un motivo o per l'altro, sono risultate tutte fallimentari ancor prima di averle potute mettere in atto. Il mio vero problema, però, è sempre stato la mancanza di coraggio; il coraggio di rischiare di peggiorare un rapporto già precario e instabile. La paura di giungere a un contrasto ancora più acceso mi ha sempre condizionato. Ho sempre voluto evitare di rendere ufficiale la malattia che in gran parte è sempre stata solo latente. Non mi è mai piaciuto fallire; ma il non tentare è fallire.

E se proponessi che io, mia mamma e mio padre ci scrivessimo una lettera a vicenda? Una lettera da aprirsi solo dopo la morte di chi l'ha scritta? Ognuno ne scriverebbe quindi due e, in queste, si dovrebbe racchiudere una sorta di testamento emotivo, una sorta di eredità: le parole non dette.

Ogni tanto in televisione, in qualche film strappalacrime, si incappa nella classica scena del genitore molto malato, che non potrà vedere crescere la sua prole, che gira un filmato su se stesso, su come ha vissuto e su quanto avrebbe voluto condividere la vita col figlio al quale lascia in eredità qualche perla di saggezza in otto millimetri. Quel video è destinato alla sua creatura che, quando sarà cresciuta, potrà vedere e apprezzare lo scomparso genitore.

Magari, d'impatto, potrebbe sembrare un'idea stupida e immatura ma credo che potrebbe colmare quel bisogno di parlarsi ancora che viene sempre ghigliottinato dalla morte. Penso che chiunque subisca il lutto di una persona molto vicina desidererebbe leggerne una lettera scritta proprio per lui che lo aiuti a superarne la perdita e che, soprattutto, serva a evitare di lasciare parole non dette e innescare il circolo vizioso dei rimpianti e rimorsi. Non sempre è facile capirsi in questa vita, non è sempre facile, per lo più, perché fin che la si vive sembra infinita.

Già intorno ai vent'anni, in un periodo in cui era particolarmente vivo il mio interesse per il paranormale, ricordo che avevo cercato di convincere i miei a venirmi a trovare dopo morti manifestandosi, se avessero potuto, come fantasmi e io avrei fatto lo stesso nel caso li avessi preceduti "di là". Abbiamo poi convenuto, invece, di abbandonare il progetto perché, se per caso la cosa non fosse stata possibile, non avremmo fatto altro che tradire delle aspettative e avremmo semplicemente fatto crescere il dolore e dilatare il tempo dell'elaborazione del lutto.

La mia idea della lettera invece mi piace sempre di più. Non vedo lati potenzialmente negativi, né rischi particolari. Vedo solo il gran sollievo che potrebbe donare e un gran beneficio per la vita futura di chi rimarrà. Sì, proporrò questa soluzione. Sicuramente è ciò che serve almeno per impedire che quello di noi che abbandonerà questo mondo prima degli altri abbia anche il problema dell'andarsene avendo taciuto qualcosa. Senza aver chiuso la pratica.

Stasera andrò a trovarli e gliene parlerò. Mi sento sollevato. Tre immagini, come istantanee che si impongono all'improvviso nella mia mente, mi aiutano a capire che sono sulla strada giusta.

La prima è il viso pallido e provato di mia mamma che spunta dalle lenzuola del letto 16 del reparto di Chirurgia, adornato da un'espressione rassegnata che sembra voler dire: "Ho vissuto la mia vita". Quest'immagine risale a poco più di dieci anni fa, quando era ricoverata in ospedale per l'asportazione di un tumore al seno. Per fortuna oggi è una malattia curabilissima, ma ai tempi non lo si dava molto per scontato. Mi ricordo che mettevo già in conto di rimanere orfano. Brutta esperienza.

La seconda immagine è quella di mio padre all'uscita della sala operatoria dove era stato sottoposto a un semplice intervento di asportazione di una neoformazione benigna dal viso. Quando si è aperta la porta della sala, ricordo che è spuntato su una carrozzina, ancora con una cuffietta usa e getta verde in testa; veniva spinto velocemente verso la sua stanza. L'intervento non comportava alcun rischio ma questo è stato solo un caso, sarebbe potuto uscire da una camera operatoria anche per qualcosa di ben peggiore, magari non seduto su una sedia a rotelle ma sdraiato in lettiga e magari anche con un lenzuolo fin sul viso.

La terza istantanea è quella di una carezza che mi ha regalato mio padre in occasione di una partenza per un suo viaggio in aereo. L'avevo accompagnato in aeroporto. Eravamo agli imbarchi, alla barriera che chi non parte non può superare. Eravamo in mezzo a tutte quelle sagome vuote di persone così diverse e lontane tra loro ma concentrate tutte in uno stesso piccolo spazio. In quella carezza ricevuta come saluto ho sentito tutto l'amore che nutriva per me, ho letto chiaramente il bisogno da parte sua di gridare che avrebbe voluto che le cose tra noi fossero andate diversamente. Ci siamo quasi commossi entrambi. Sapevamo tutti e due quanto ci fosse in quel raro gesto.

Questa giornata di riposo non si sta dimostrando tanto rilassante come mi sarebbe piaciuto. I miei pensieri non mi stanno la sciando in pace. Spesso succede, ma non lo ritengo affatto tempo buttato, anzi, è tempo regalato. È tutto tempo che mi sarà risparmiato quando tutti questi pensieri che mi avranno accompagnato negli anni saranno pensieri obbligati, imposti dagli eventi. Mi preparo al futuro e nell'oggi cerco le sue spiegazioni.

Qual è una delle prime cose che si fanno quando muore qualcuno di caro? Si cercano le foto che si conservano di lui in qualche scatola dimenticata in cantina o in soffitta e, singhiozzando, ci si comincia a perdere nei ricordi. Il mio modo di pensare e di vivere mi spinge a cercare quelle fotografie prima che servano solo da catalizzatrici di rimpianti. Non voglio ritrovarmi come tutti con in mano le foto dei genitori a ricordarli con un maledetto giorno di ritardo.

Chi morirà per primo tra i due? Quando? Perché?

Mi piace guardare la foto del matrimonio di mamma e papà. Come erano giovani! Io non esistevo ancora, almeno non su questa terra.

Mi sento fortunato e sintonizzato con la vita vera. Dopo aver lavato i piatti, anzi il piatto e la pentola, e dopo aver riordinato la cucina e il soggiorno – sono un maniaco dell'ordine – voglio spegnere il cervello. A tale scopo non c'è niente di meglio che guardare un po' di televisione. Mi addormento sul divano.

Nonostante la classica sonnolenza post-pranzo, non mi capita frequentemente di non riuscire a stare sveglio nel pomeriggio ma, nel caso di oggi, il motivo del crollo è da cercarsi nel bisogno di staccare un attimo da una realtà che mi sto dipingendo troppo dura e della quale sto ignorando la bellezza del presente. È probabilmente un segnale d'allarme che il mio corpo mi sta lanciando. Mi sta chiedendo di smettere di torturarlo, mi sta chiedendo di vivere al meglio il qui e ora, mi sta chiedendo di essere come tutti gli altri.

Mi sveglia d'improvviso lo squillo del telefono. Cazzo! Non mi scordo mai di spegnere il cellulare e, nonostante normalmente suoni solo se sono in doccia o sul cesso, non c'è nulla come dimenticarlo acceso per farlo suonare mentre dormo. Era matematico. Nessuno mi cerca mai quando mi capita di annoiarmi o quando ho il telefonino appena comprato e voglio sentire che effetto fa ricevere una chiamata con la suoneria nuova.

Ancora un po' disorientato, sussurro un "Pronto" con la bocca un po' impastata. "Ciao, sono Massi." È un mio vecchio compagno del liceo col quale mi vedo ancora di tanto in tanto per fare il punto della situazione sulle nostre esistenze. "Ciao, qual buon vento" gli chiedo, svegliandomi progressivamente. "Ho bisogno di parlarti."

Dalla sua voce ho capito subito che non mi avrebbe certamente raccontato nulla di cui rallegrarmi.

Massimiliano è sempre sereno e solare, sa coinvolgere le persone con il suo entusiasmo e contagia chi gli sta accanto con il suo amore per la vita. È un ragazzo che sa dare il giusto peso alle cose e che ha i piedi ben saldi per terra, anche se i suoi atteggiamenti giocosi potrebbero trarre in inganno chi lo conosce poco. Ora non avverto proprio nulla di giocoso nella sua voce. Non so che cosa aspettarmi.

"Vado subito al sodo..." mi sussurra nell'orecchio, interrompendo così il flusso dei miei pensieri che cercavano di sondare il motivo della sua chiamata e, soprattutto, di inquadrare quello strano tono avvertito nella sua voce.

"... Non so come dirlo... mia mamma ha un tumore, è incurabile, è già piena di metastasi ovunque. Ecco che cosa aveva! L'abbiamo capito solo ora che è tardi!" singhiozza.

Faccio fatica a realizzare la notizia. Cerco di interrompere il suo sfogo ma non me lo permette e continua: "Mi sembra un incubo, ma so che è la realtà! Le restano quattro o cinque mesi di vita e non ci siamo mai accorti di nulla, se non di quella continua tosse e dei suoi dolori alle ossa. Non c'è più nulla da fare, mi hanno parlato solo di terapia del dolore. Non è giusto".

Approfitto di una pausa del suo pianto per prendere la parola e cerco di consolarlo. Non riesco a pronunciare che qualche frase fatta e qualche luogo comune. Sono imbarazzato e sconvolto allo stesso tempo. Sono una frana in queste cose, soprattutto nei casi come questo in cui la notizia mi investe inattesa, così come un pedone distratto viene colpito da un'auto mentre attraversa la strada. Io attraverso la vita.

Massi interrompe presto la telefonata con un: "Ti richiamo quando sarò più lucido. Scusami davvero".

Rimango impietrito e mi riprometto di richiamarlo nel tardo pomeriggio, altrimenti dovrei convivere con l'impressione di non essergli stato accanto in questa giornata che cambierà la sua vita... e la mia.

Sembra che oggi il destino faccia apposta. Il tema della giornata è chiaro e non è mia facoltà modificarlo o ignorarlo. Stasera quando andrò a letto sarò più vecchio e maturo di quando mi sono svegliato stamattina. Anche oggi sono cresciuto un po'.

Mentre rielaboro l'accaduto e cerco di coniugarlo con tutte le riflessioni che si sono succedute nella mia mente nel corso della giornata di oggi, avverto una strana sensazione che non riesco a mettere bene a fuoco. Ha un retrogusto egoistico e primordiale. Si tratta di una sorta di strana invidia per Massimiliano, per la sua situazione tragica ma chiara e ben definita. Lui sa cosa accadrà: sa quando e di cosa morirà sua mamma. Io no.

Lui ora ha compiuto un passo in più sul cammino della vita, perché sta vivendo un'esperienza dalla quale io dovrò passare in un futuro indefinito. Lui ne uscirà prima. È come l'interminabile attesa di sottoporsi a un'importante interrogazione per la qua le si sa di non essere preparati a sufficienza (e mai lo si potrà essere). Sarebbe bello se quell'interrogazione si potesse evitare.

Corro a casa dei miei. Sento il bisogno di godermeli e voglio stare un po' con loro. Non dirò loro nulla, almeno per oggi, della mamma di Massi. Mi fermerò a cena perché sicuramente, quando verrà l'ora, non mancherà l'invito a unirmi alla loro a tavola. Fortunatamente la bistecca e l'insalata che mi ero riproposto di mangiare a cena sono in frigo; si conserveranno sicuramente senza problemi fino a domani.

Ora ho un obiettivo: devo riuscire a proporre ai miei la mia idea della lettera-testamento senza fare la figura del paranoico psicopatico.

Dopo un'ora abbondante di ricerca del coraggio, celata da uno spettegolare apparentemente inutile e superficiale, davanti a un bel piatto di lasagne, riesco a formulare la mia proposta.

Sia a mamma che a papà si riempiono gli occhi di lacrime e arrossiscono. Accettano di buon grado nonostante un'iniziale resistenza ad affrontare l'argomento tabù della morte di uno di noi. Cambiamo subito argomento di conversazione. Metabolizzare questa serata richiederà loro del tempo ma sono convinto che ci aprirà a una nuova reciproca consapevolezza.

Torno a casa mia. Fuori è già buio. La giornata è praticamente finita ma devo fare ancora una cosa.

Provo a chiamare Massimiliano. Voglio parlargli, voglio stargli vicino. Compongo il numero.

Non risponde.

Gli lascio un messaggio in segreteria: "Vivi tua mamma fin che puoi e dille tutto quello che non le hai mai detto, parlale di tutte le questioni aperte della tua vita, della sua e della vostra. Non fraintendermi, in fondo avete la fortuna di potervi preparare insieme. Non sprecate questa opportunità che il destino vi concede. Tutto ciò che non farete ora si trasformerà in rimpianto quando sarà tardi. Ti voglio bene".

Vado a letto sereno. Mi abbandono al sonno senza opporre resistenza. Domani tornerò al lavoro e vedrò le cose con un occhio diverso. Forse solo un po' più aperto.

Alle quattro mi sveglio per far pipì. Riecco la mia immagine che si specchia nell'acqua del water. Sembra dirmi nuovamente: "Sei come tutti gli altri".

Prima di rimettermi a letto guardo il cellulare. C'è un messaggio. "Sei speciale. Grazie davvero. Massi".

Stavolta il cesso aveva torto.

IN BIANCO E NERO NEL RETROVISORE

Il primo amore

Ripenso a Giulio, quel paziente che qualche tempo fa avevo sentito così vicino e nel quale rivedevo mio nonno grazie al profondo rapporto che si era instaurato tra noi durante la sua degenza. Non so se la malattia abbia avuto la meglio su di lui o se si sia arresa al suo spirito combattivo e al suo amore per la vita. Giulio mi fece capire che rivivere il passato per cercarvi la chiave di lettura del presente è senza dubbio un esercizio costruttivo e un'esperienza d'aiuto alla vera maturazione interiore. Ricordo ancora quando volle condividere con me l'intimo ricordo del suo primo bacio. Mi fece capire che ogni cosa che accade cela in sé un significato profondo per il solo fatto di essere avvenuta.

Ricordo che durante la sua breve permanenza in Rianimazione mi parlò anche del suo primo amore. È inusuale, da parte di un settantenne, condividere argomenti personali e intimi come questi con un estraneo. Forse per lui non erano tabù o forse per lui non ero un estraneo. Avvertivo la sua volontà di aiutarmi a crescere.

La sera stessa del suo ricovero nel mio reparto, qualche ora dopo avermi raccontato del suo primo bacio, rispolverando un vecchio ricordo, mi parlò anche del suo primo amore. Non so se l'esile uomo che avevo di fronte fosse reso disinibito dai farmaci e dall'anestesia che non erano ancora stati smaltiti completamente dai suoi reni oppure se il suo comportamento fosse puro e trasparente di natura. Non lo so, ma mi piaceva così.

Giulio cominciò un nuovo racconto di esistenza vissuta.

"Nella vita di ogni ragazzo, uno degli eventi più importanti che costituiranno le fondamenta dell'uomo che diverrà, va certamente individuato nella perdita della verginità.

Sono sempre stato in dubbio se l'espressione *primo amore* stesse a indicare il primo amplesso o il primo innamoramento. A dire la verità non so neppure quale sia il significato comunemente attribuito a quest'ultima peculiare combinazione di parole, ma poco importa: io voglio intendere la prima volta che si è fatto l'amore.

Di sicuro, fare sesso completo per la prima volta con qualcuno, solo in pochi fortunati casi coincide con l'espressione di un sentimento profondo come l'amore. Ciò accade certamente più frequentemente per le ragazze, le quali non hanno il compito biologico di spargere il loro seme ma, anzi, hanno quello più delicato di selezionare il loro compagno per garantire qualità alla discendenza. In altre parole, il maschio è ossessionato dal doversi accoppiare e, soprattutto quando è alle prime armi (ma nella maggior parte dei casi è un vizio che gli resterà), cerca di farlo quasi indistintamente con qualsiasi soggetto di sesso femminile che gli capiti a tiro.

Il mio caso non si discosta molto, almeno credo, dalla media, per le modalità in cui si è creata e sviluppata la situazione piccante. Avevo diciannove anni ed era l'estate tra la fine delle scuole superiori e l'inizio di una vita di lavoro. Anche in questo caso, come in quello del primo bacio, rispetto alle mie trasgressive ambizioni ero in ritardo sui tempi.

È brutto ammetterlo ma non ho ricordi ben radicati al riguardo. Ho solo memoria del fatto che Rosa – questo è il nome della sfortunata che mi ha reso uomo – avesse comunicato ad Antonio, un mio amico che la stava corteggiando proprio in quel periodo (notare la sensibilità di lei), la sua intenzione di 'Farmi sudare a letto'. Mi ricordo che le parole testuali sono state proprio quelle! Che cosa poteva capitarmi di meglio? Rosa non era certo la ragazza tipo di quei tempi, era molto disinibita e non si piegava agli schemi bigotti di quegli anni e, di conseguenza, non aveva la fama della ragazzina per bene.

Per raggiungere il mio obiettivo, dovevo però superare un problema: Antonio. Come ho detto, lui stava corteggiando Rosa proprio in quel periodo. Dovevo convincere il mio amico che era cosa buona e giusta che, tra i due, la conquistassi io, nonostante anche lui non fosse molto lontano dalla stessa meta. Aveva vinto con lei una scommessa di cui non mi sovviene l'oggetto, ma ricordo solo che, se avesse vinto lui, Rosa gli si sarebbe dovuta concedere, mentre se avesse vinto lei, Antonio le avrebbe dovuto pagare una cena. Le puntate non potevano certo definirsi eque ma sarebbero le stesse che avrei tentato di mettere sul piatto io. Bravo Antonio!

È una storia un po' anacronistica, lo ammetto. Non era facile, ai miei tempi, incappare in una situazione così sfacciata.

Di fatto Rosa aveva perso la scommessa e stava per "pagare", quando confessò allo sfortunato riscossore che avrebbe pagato più volentieri me. E così sia. Non senza amaro in bocca, il buon Antonio mi ha ceduto il diritto alla riscossione! I giochi erano fatti; era solo questione di definire il dove e il quando. Nel giro di una settimana scarsa proprio Antonio ci ha messo in contatto (per lui oltre al danno, la beffa), e io e Rosa ci siamo ufficialmente presentati. Prima di allora ci eravamo solo visti in giro per il paese che ai tempi frequentavo.

Lei era una ragazza carina, bel fisico, non molto alta, mia coetanea; non sapevo nulla di più della mia imminente prima volta.

La sera pattuita, sono passato a prendere Rosa sotto casa sua con la bicicletta e l'ho portata in un fienile nel quale sapevo entrare grazie a una tavola di legno fissata male sulla parete posteriore che dava su un campo di frumento. Ci siamo sdraiati e abbiamo iniziato a baciarci focosamente. Eravamo ancora completamente vestiti quando, già dopo pochi minuti, lei ha sussurrato al mio orecchio le parole 'Facciamo l'amore?' A quel punto un vortice di pensieri mi ha invaso la scatola cranica: pensieri del tipo 'Certo, siamo qui apposta' oppure 'Oh mamma mia ci siamo' o ancora 'Di già?'. Pensavo ci volesse un po' di più per arrivare a quello! Avevo molto sentito parlare di preliminari e qualche nozione teorica l'avevo anche messa in pratica ma… 'Ci siamo! Ora bisogna agire!'.

Ci siamo spogliati ma, sarà per l'ansia che avevo accumulato, per la paura di essere scoperti o perché non avvertivo un legame realmente profondo con quella ragazza, non sono riuscito a fare nulla anche se il piacere dell'amore, per qualche istante, sono riuscito a sentirlo. Ho dovuto mestamente ammettere il fallimento e battere in ritirata. Non ricordo minimamente quali scuse abbia accampato o come si sia evoluta la serata. Ho rimosso. Ricordo solo che ero traumatizzato perché, nella mia ingenuità, non credevo nemmeno lontanamente potesse succedere un fatto così. Quando si dice l'ignoranza!

Subito dopo il fattaccio mi sono trovato a sfogarmi con il mio migliore amico di cui, da quando è morto, porto sempre con me una fotografia di quando eravamo giovani. Aveva quasi dieci anni più di me".

Mi piaceva sentir parlare Giulio. Mi sentivo sempre più vicino a lui. Silenzio.
Ripensai al mio primo amore.

Le uniche cose importanti nella vita sono quelle che giudicherai essere state importanti quando sarai consapevolmente in punto di morte.

" ... mi accarezza la mano e incrocia il mio sguardo ancora per un istante..."

SENZA TARGHETTA

Eccomi di nuovo in ospedale. Sono al timbro del cartellino, lo passo nel rilevatore con un rapido e deciso movimento che lo fa scorrere nella fessura del lettore magnetico: significa che sto entrando al lavoro. Sul display compare l'ora, le 13.12. Tra otto ore e tre minuti passerò il mio badge in senso opposto, da destra verso sinistra. Non vedo l'ora.

Oggi sono in forma ma ho veramente poca voglia di tornare in quel limbo indefinito di vita, morte e dolore che si mescolano tra loro come i colori sulla tavolozza di un pittore. Speriamo che nel corso della giornata qualcosa mi faccia cambiare umore. Di solito accade.

Durante il mio giorno di riposo di ieri non ho rivolto il pensiero neppure per un istante al reparto, ai pazienti, ai colleghi, ai medici... ho proprio staccato la spina. È necessario fare così, le mie batterie emotive hanno bisogno di ricaricarsi. Spesso mi capita di dimenticare addirittura chi fossero le persone ricoverate qualche giorno prima. Questo non accade a molti.

Per quarantotto ore non ho pensato a Giovanni, il numero 7, uno dei pazienti a cui ho dedicato la maggior parte delle mie attenzioni la scorsa notte. Spero di non trovarlo più in quel letto. Spero sia stato trasferito nel reparto di Neurochirurgia per proseguire il suo cammino, forse inutile, verso qualche miglioramento. Il mio pessimistico e cinico sesto senso non mi fa contare molto sul suo recupero cognitivo.

Mentre mi sto cambiando nello spogliatoio, che si trova nel poco illuminato seminterrato del blocco centrale, mi domando chi saranno i colleghi con cui lavorerò oggi. Lo scoprirò tra poco.

Sul pavimento scuro, tra i tipici armadietti in lamiera grigia, le numerose impronte delle scarpe bagnate di pioggia di chi si è cambiato prima di me mi fanno capire che non sono solo. In un angolo, un ombrello chiuso appoggiato al muro lascia cadere qualche goccia d'acqua a terra: sembrano lacrime.

Come ogni giorno, passo sotto la scritta AREA BATTERICAMENTE CONTROLLATA che mi accoglie nel mio personale e dantesco viaggio quotidiano. Io, però, a differenza del Sommo Poeta, so che il paradiso non lo visiterò: mi limiterò a questo inferno (o purgatorio?).

Oggi, ad accogliermi al mio ingresso in reparto, non c'è solo la luce dei neon ma anche qualche riflesso di luce naturale che penetra dalle rare finestre che mostrano il paesaggio grigio e piovoso della periferia cittadina.

A differenza del benvenuto soft tipico dell'inizio di un turno notturno, quando si comincia il pomeriggio in reparto domina un vociare intenso, spesso neppure composto e irrispettosamente interrotto da qualche rumorosa risata non soffocata a dovere.

In sala infermieri siamo in tanti, poco meno di una decina di persone, perché il più popolato turno mattutino si sovrappone con quello successivo che prenderà le redini delle attività. In questo momento siamo più noi infermieri di quanti siano i pazienti ricoverati.

Antonella, la caposala, ci richiama all'ordine e alla compostezza con un austero "Sssh" e uno sguardo accigliato che mi ricorda quello che mi rivolgeva suor Clara quando mi rifiutavo di fare il pisolino dopo pranzo o facevo il monello alla scuola materna. Quello sguardo tradiva affetto e anche Antonella non riesce a celarlo. Siamo tutti suoi amati pulcini.

Io e molti altri colleghi ritroviamo in lei la figura materna. Per me è una fortuna, visto che non accetto di buon grado l'autorità se non la riesco a giustificare o se non riconosco un'adeguata autorevolezza che la sostiene.

Al lavoro non è raro attribuire inconsciamente ai colleghi ruoli parentali. Mi ritrovo tra genitori, nonni, zii, fratelli e cugini in una virtuale famiglia parallela.

In un clima tutt'altro che raccolto, cercherò di capire o, se riuscirò, proverò a scegliere quali saranno i pazienti assegnati a me questo pomeriggio.

Gli otto letti del reparto, divisi in sei stanze (due doppie e quattro singole), vengono spartiti tra i tre infermieri turnisti nel corso di una cerimonia che ricorda, per coinvolgimento ed enfasi, le vecchie contrattazioni di Borsa. Chi segue le prime due stanze si prenderà cura dei pazienti 1, 2 e 3; chi segue le seconde due, avrà sotto la sua ala protettrice il 4, il 5 e il 6, mentre chi segue le ultime stanze avrà solo due pazienti, il 7 e l'8.

Tutti preferiamo seguire questi ultimi perché sono soltanto due e, statisticamente, anche se in un reparto come il mio non è sempre vero, meno malati significa meno lavoro, meno responsabilità, meno rischi d'errore e, in generale, meno stress.

Accade anche, ma questo è molto più raro, che ci si accordi sulla titolarità dei pazienti prendendo in considerazione eventuali affinità o particolari avversioni: può succedere, ad esempio nel caso ci fosse qualche bambino tra gli occupanti dei letti, che qualche collega, per lo più donna e in particolare mamma, preferisca evitare di seguirlo personalmente per sfuggire all'insidiosissimo processo di immedesimazione che non le permetterebbe di staccare completamente dopo il turno ma le farebbe portare il piccolo malato a casa con lei in un angolo di mente e di cuore che difficilmente si può far tacere.

Io non ho questo problema perché, non avendo alcuna esperienza familiare con i bambini, non corro questo rischio. Se un giorno diventerò papà e, chissà, magari anche nonno, se ne riparlerà.

I risultati di fine contrattazione indicano che oggi dovrò seguire i letti 1, 2 e 3. Non credo di essere stato molto fortunato perché il rapido colpo d'occhio che ho dato, appena arrivato, ai monitor dei parametri non ha dipinto un quadretto molto piacevole. Dell'1 ho notato un tracciato elettrocardiografico poco tranquillizzante, il 2 è ipoteso (ha 65 di pressione massima) e il 3, per quello che si può capire dalle immagini in bianco e nero inviate dalle vecchie telecamere, è un uomo apparentemente sulla cinquantina, con in corso anche una dialisi in continuo: una macchina in più. Una macchina che sostituisce le funzioni renali; una macchina molto capricciosa e che pretenderà molte attenzioni.

Anche se oggi mi dedicherò alle prime camere, non ho potuto far a meno di notare che il letto 7 è vuoto: rapidamente mi informo e scopro che Giovanni è deceduto ieri. Non mi aspettavo certo un recupero ma neppure un tracollo tanto repentino. Comunque meglio così. Io stesso avrei preferito morire. Tutti gli sforzi della mia scorsa notte buttati nel cesso.

Io e Sandro, il collega che oggi mi deve dare consegna, ci appartiamo nel ripostiglio dei farmaci per sfuggire alla confusione della sala infermieri che sicuramente rappresenterebbe un ostacolo alla nostra comunicazione e, soprattutto, mi impedirebbe di rimanere concentrato sulle informazioni che dovrò apprendere per poter compiere un buon lavoro oggi pomeriggio.

La scelta del ripostiglio non è stata ottimale: qui ci accolgono due grossi e rumorosi frigoriferi che custodiscono come casseforti i farmaci che non possono essere conservati a temperatura ambiente; alcuni di questi farmaci sono i cosiddetti salvavita, come l'adrenalina, che secondo la cultura televisiva che permea ogni cosa avrebbe la capacità quasi magica di far ripartire da sola un cuore fermo, quasi di resettare la morte. Non è esattamente così.

Spegniamo per qualche minuto i frigoriferi. Finalmente silenzio. Fuori dalla finestra ancora pioggia e qualche tuono che si intromette nel nostro dialogo.

Sandro ha da poco superato i quarantacinque anni, come testimoniano i suoi corti capelli brizzolati; è alto e longilineo, ha stampata in volto la tipica espressione del bravo ragazzo e il suo sguardo vivace non nasconde che è sicuramente un uomo intelligente. Sandro è uno dei miei colleghi con maggior anzianità di servizio, lavora in questo reparto da diciannove anni, praticamente da quando io frequentavo la prima media e mi credevo già uomo. Allora non potevo neppure immaginare che, contemporaneamente, lui stava iniziando la sua carriera lavorativa in ospedale e che un giorno sarebbe diventato un mio collega e, in fondo credo sia vero, un mio mentore.

C'è chi dice che sia consigliabile, per chi fa un lavoro come il mio, cambiare reparto ogni sei o sette anni (un paio di anni per imparare, un altro paio per lavorare bene e, infine, gli ultimi anni per insegnare ai giovani). Teoria interessante soprattutto per me che, nella vita, non sono mai riuscito a fare la stessa cosa per più di quattro anni di fila.

Sandro qui dentro è quello che sa tutto, non c'è nulla che lo colga alla sprovvista o impreparato, non c'è problema che non sappia risolvere. Gli basta una rapida occhiata a qualsiasi paziente per inquadrare la situazione e non gli sfugge neppure un piccolo particolare. Contrariamente a quello che si potrebbe immaginare, nonostante tutti questi anni passati in questo strano posto, ha mantenuto una lucidità e un equilibrio emotivo a dir poco invidiabili.

Spesso ho cercato di capire come abbia fatto a non inciampare nel *burn-out*, cioè quello stato di esaurimento emotivo tanto temuto dai lavoratori dell'ambito sanitario e, più in generale, delle professioni d'aiuto. Probabilmente, il suo segreto è il distacco che riesce a mantenere dalle situazioni con le quali è costretto a convivere. Sandro riesce sempre a evitare di farsi coinvolgere dagli eventi o travolgere dalle emozioni. A volte questa sua dote viene fraintesa e lo fa sembrare un superficiale, irriducibile cinico, ma non è così. È solo molto equilibrato e sa dare il giusto peso alle cose.

Nella mia famiglia lavorativa, virtuale e inconscia, Sandro è il fratello maggiore sempre pronto ad aiutare e a insegnare. Lo fa senza il tatto che potrebbe essere proprio di un genitore: la sensazione che trasmette non è quella di protezione; è più, forse, quella di una sfida costruttiva. Sandro non è il tipo che si fa scrupoli a dire ciò che pensa o che si esprime con perifrasi ed eufemismi. Non è il tipo che ti prende in disparte ma è quello che, se te lo meriti, in corridoio ti grida di fronte a tutti che sei un coglione.

Sandro è uno dei pochi che mi danno ascolto quando mi addentro in discorsi filosofici nei quali spesso mi piace perdermi. Riesce a essere contemporaneamente profondo e distaccato, razionale ed emotivo, maturo e infantile. Se riuscissi a diventare come lui non potrei che essere fiero di me. So che, se mai accadrà, ci vorranno molti anni. Non so neppure se avrò la costanza di lavorare su me stesso così tenacemente da riuscire a sviluppare tutte quelle qualità che in lui tanto ammiro.

Una volta prese le consegne, riaccendiamo i frigoriferi e lasciamo la stanza. Sandro, se oggi pomeriggio tornerà il sole, andrà a fare un giro in bicicletta con sua figlia; io starò qui a portare avanti quello che ha cominciato lui stamattina.

Lo saluto. Facendomi l'occhiolino, il mio fratello maggiore ricambia con un sorriso. Non so perché ma quel segno di complicità, una soffocata dichiarazione di stima, mi regala un po' di quella carica e di quel buonumore che speravo di trovare. Noncurante del dolore che si consuma nelle stanze a pochi metri da me, saluto ad alta voce anche gli altri colleghi della mattina che ormai sono già in fondo al corridoio e stanno per raggiungere l'uscita. Ora il vociare che fino a una decina di minuti fa permeava di una frizzante spensieratezza questo piccolo mondo grigio si è spento. Siamo rimasti in pochi.

Dopo il rito del caffè di inizio turno, entriamo nelle stanze con le cartelle cliniche sotto braccio come degli scolaretti in divisa azzurra. La prima delle stanze in cui scelgo di entrare è generalmente quella dove credo ci saranno meno cose da fare, da modificare e da controllare, in modo che poi possa entrare nell'altra e dedicarmi senza distrazioni ai pazienti più impegnativi. Scelgo di entrare nella stanza dei letti 1 e 2. Prima di varcare la soglia mi fermo un istante, chiudo gli occhi e inspiro profondamente come se stessi per tuffarmi in acqua da un trampolino a dieci metri d'altezza. Probabilmente questa sorta di rito mi è utile per raccogliere le energie che mi serviranno e, soprattutto, per costituire lo scudo che mi proteggerà da quello che vedrò e, ancor più, da quello che penserò.

Mi avvicino al letto 1: qui mi accoglie lo sguardo implorante pietà del malato che giace avvolto in un bozzolo di lenzuola. Lo saluto e gli chiedo come sta. Grosso errore. Non è intubato, quindi, mio malgrado, può parlare. Ho paura di quello che potrà rispondermi perché so che molto difficilmente sarò in grado di risolvere il suo problema e so anche che non potrò dirgli nulla di rincuorante. Spero che mi dica semplicemente che è scomodo con lo schienale così poco inclinato, perché è probabilmente l'unica cosa sulla quale potrei intervenire.

Questo paziente si chiama Mario – mi impongo a fatica di non identificarlo semplicemente con il suo numero di letto – ha poco più di ottant'anni, è affetto da un tumore polmonare già metastatizzato e non operabile. Si trova in Rianimazione in seguito a un'insufficienza respiratoria acuta che l'ha sorpreso nel suo letto del reparto di Medicina (ironia della sorte, era il letto 1 anche là). Mario è lucido e spaventato, sa dove si trova e sa anche perché; solo saltuariamente, quando a causa di una respirazione non completamente efficace si accumula troppa anidride carbonica nel suo sangue, si assopisce e si disorienta.

Il suo destino è la morte. Lo sappiamo tutti, lui compreso. La variabile che si giocherà qui – e che purtroppo dipenderà sempre meno da lui e sempre più da estranei che, grazie a una laurea e a una specializzazione, avranno libero accesso al suo corpo – è il come arriverà alla sua ora.

Schematicamente, gli scenari che si profilano sono due. Può finire i suoi giorni sedato e intubato nel nostro letto 1, con forse una modesta sofferenza fisica ma un'agonia estremamente lunga, oppure a casa sua con un'insufficienza respiratoria sempre più opprimente e un'agonia nettamente più breve ma dolorosa. Il dilemma non è di facile risoluzione. Ma a chi compete questa scelta? In teoria, in prima istanza, se in possesso delle sue facoltà mentali, deve essere presa dall'interessato, altrimenti la decisione spetta ai familiari più vicini che sono quelli che, conoscendo le eventuali volontà espresse in passato dal malato, possono farsi interpreti della scelta che egli non è più in grado di operare.

In realtà, invece, le cose non vanno sempre così. Per quanto, salvo in caso di estrema urgenza, la volontà venga sempre espressa dal soggetto che ne ha diritto – solo nella migliore delle ipotesi questo è il morente – nella maggior parte dei casi la decisione non si può certo considerare libera e consapevole: è innegabile che il medico che si trova a dover affrontare l'ardua valutazione con il malato o con i suoi familiari non possa non condizionare con il suo punto di vista, con la sua opinione, la sua autorevolezza e il suo camice, la visione ingenua di chi dovrà emettere la sentenza definitiva.

Difficilmente i medici, e i sanitari in generale, hanno un punto di vista uniforme sull'argomento. Sono troppe le variabili che influenzano un sentire così intimo: le esperienze personali, i lutti subiti, il credo religioso, la personalità, i traumi del passato e mille altri elementi; in più, un peso particolare è freddamente rivestito dalla volontà del primario che, come un *deus ex machina*, dovrebbe definire le linee guida e costituire un punto di riferimento, ovviamente non per forza condiviso, per l'uniformità del lavoro di tutti gli operatori del reparto. La domanda che mi sorge spontanea, soprattutto in questo momento in cui davanti ai miei occhi c'è Mario, è: "Tra tutte queste variabili quante, alla fine, sono effettivamente volte al bene del morente e per quante, invece, la scelta viene fatta su basi ben diverse?".

Ho sempre pensato che, se mai mi capitasse di dover prendere una decisione di questo tipo per un mio familiare o per me stesso, chiederei al medico di fare quello che farebbe per sua madre o per suo figlio, che non per forza significa fare il tutto per tutto per salvaguardare la sopravvivenza in senso stretto ma che, anzi, potrebbe voler dire salvaguardare la dignità e limitare la sofferenza nel cammino verso il trapasso – magari accelerandolo – senza accanimenti tecnologico-terapeutici di sorta.

Per fortuna, già con qualche anno di lavoro qui dentro credo che saprei prendere una decisione simile in totale autonomia. Non mi fido di nessuno.

Mario continua a fissarmi con i suoi grandi occhi che sembrano sporgere dal volto pallido e incavato e, proprio quando pensavo che non mi avrebbe rivolto la parola, mi chiede a bruciapelo se vivrà. Non so se esiste una domanda peggiore. Ma non poteva solamente dirmi che voleva una coperta in più? Ho grossi problemi a dargli una risposta e mi limito a un generico incoraggiamento, probabilmente con la voce impacciata di chi viene preso in contropiede. Gli abbasso lo schienale, sperando di procurargli un momentaneo sollievo che lo distragga dalla sua vera preoccupazione. Chissà che cosa gli avrebbe risposto il mio saggio fratello Sandro?

Non mi posso sbilanciare perché il colloquio tra Mario, i suoi parenti e il medico di guardia è previsto per le 18.30 di stasera, durante l'orario di visita. Solo allora si saprà quale cammino verrà intrapreso. Fino a quel momento dovrò mantenermi su una linea particolarmente diplomatica.

La caposala passa davanti alla porta della stanza. Ha già con sé la borsa: significa che anche la sua giornata lavorativa è terminata, sta andando a casa. Ha un aspetto molto più rilassato di quello che aveva poco più di mezz'ora fa. Ha già tolto la maschera da dura: la metterà nel suo armadietto grigio e la indosserà nuovamente domani mattina. Mi saluta e sorride. "Ciao Antonella!". Da questo momento mi sento orfano.

Torno a concentrarmi su Mario. A causa dell'abitudine a lavorare su corpi passivi, senza avvisarlo, gli prendo la mano destra solo per un attimo. Devo controllare l'inserzione del catetere posizionato nell'arteria radiale: voglio verificare che sia ben saldo e che non perda sangue. Nel fare questa operazione, inaspettatamente sento stringere la mia mano. Mario non me la lascia. La sua mano fredda si esibisce in una stretta molto decisa e altrettanto densa di significati. A causa del terrore che senza dubbio lo domina in ogni suo pensiero, ha creduto che gli avessi preso la mano come gesto di conforto e affetto. Non sa che il mio scudo è più forte del contatto fisico che si è instaurato tra noi.

Anche se il mio primo istinto è quello di dirgli, quasi schifato, di lasciarmi, non mollo la stretta e lo accarezzo. Basta così poco a volte per far sentire meglio qualcuno. Mi sorride. Mi rivolge uno sguardo così profondo che, dalla posizione dominante in cui mi trovavo fino a un secondo fa, riesce a farmi sentire un bambino che non riesce a evitare che il gelato gli coli sulle dita. Mi fa capire chi tra noi sia il più forte: non io solo perché, tra i due, sono quello che riesce ancora a stare in piedi; ma lui perché ha vissuto e ora ha sicuramente più chiaro di me che cosa sia la vita. Questa inaspettata parentesi che si è aperta con il suo sorriso, ha sfondato il mio guscio emotivo in maniera più impetuosa di quanto non avrebbe fatto un arresto respiratorio o la sua stessa morte.

Ci metterò un po' a ricostruire la mia corazza per poter camminare tranquillo tra questi letti.

Rilevo i parametri vitali di Mario: tutti stabili anche se, come avevo notato a inizio turno, il suo tracciato cardiaco non è dei più tranquillizzanti. Preparo la terapia che gli somministrerò nel corso del pomeriggio e carico la pompa d'infusione con una flebo di antidolorifico.

Il letto 2 ospita un signore, Fabio, operato nella notte a causa di un modesto sanguinamento di un aneurisma cerebrale. Per fortuna non può parlare: è intubato e lo sarà ancora per qualche giorno. Non potrà farmi brutte sorprese come ha fatto l'1 poco fa. Fabio ha cinquant'anni, carnagione chiara, il capo completamente fasciato da bende bianche e un fisico visibilmente asciutto dovuto probabilmente a uno stile di vita non sedentario e a molta attività sportiva. Anche il suo ritmo cardiaco, che al monitor appare particolarmente rallentato, lascia presumere un allenamento fisico non indifferente. Per escludere che si tratti di un rallentamento patologico o dovuto alla particolare sedazione in corso, controllo in cartella l'elettrocardiogramma precedente l'intervento: 59 battiti al minuto. Stessa frequenza di adesso.

Fortunatamente la pressione sanguigna si mantiene su livelli accettabili. Probabilmente la massima di 65 che avevo letto di sfuggita sul monitor in sala infermieri ancora prima di prendere consegna era dovuta a un artefatto: probabilmente il catetere che Fabio ospita nella sua arteria radiale, forse perché il polso era troppo flesso, non rilevava correttamente il flusso sanguigno e non comunicava una pressione corretta. Meglio così: un problema in meno.

Sul suo letto, che sarà la sua casa non desiderata ancora per molto tempo, Fabio è completamente nudo e scoperto a causa della febbre che gli sta salendo: solo una federa di cuscino gli copre le parti intime come per volerne preservare la dignità.

Dal letto 1 ogni tanto giunge qualche sguardo indiscreto. Mario lo vede immobile e nudo. Scommetto che questa immagine gli fa temere la morte ancor più di quanto già non la temesse. Tiro la tenda che separa i due letti e dico a Mario di non spaventarsi per questa vista così poco piacevole e, al contempo, troppo suggestiva. "La tua situazione è diversa." È tutto ciò che sono riuscito a spiegargli.

Rilevo i parametri al 2, gli metto in infusione la terapia prescritta e controllo che sia tutto in ordine.

Prima di lasciare la stanza, verifico che tutti gli allarmi dei monitor siano attivati e che abbiano delle impostazioni ragionevoli, cioè che suonino solo quando c'è effettivo bisogno. Tutti perfetti; non avevo dubbi, visto che chi mi ha preceduto al timone di queste stanze è Sandro.

Esco dalla camera per entrare in quella del letto 3.

Nel breve percorso che separa le due stanze ripeto il rito del respiro profondo a occhi chiusi. Mi tuffo nel 3. Qui mi attende uno dei casi che più mi turba. Stando alle informazioni che mi ha passato Sandro, Gianni è un ricco imprenditore del settore alberghiero della provincia di Milano. Il solo fatto che durante uno scambio di informazioni, teoricamente di tipo prettamente sanitario, si arrivi a menzionare indirettamente la dichiarazione dei redditi di un paziente è, di per sé, un cattivo presagio: mi fa intuire che si scoprirà presto che la situazione attuale della persona è strettamente legata al denaro. Probabilmente ciò che scoprirò mi farà accapponare la pelle.

Già in passato, in questi anni di lavoro in ospedale, mi sono ritrovato spettatore di trattamenti di riguardo nei confronti di persone particolarmente agiate. Devo però anche dire di aver visto che, nonostante i favori comprati, queste persone hanno sofferto e sono morte come tutte le altre, né più né meno. Nessuno è stato mai salvato dai soldi, anzi, al massimo gli è stata prolungata l'agonia, perché l'unico risultato visibile che chi paga di tasca propria vuole vedere, e che spesso addirittura pretende, se non la guarigione, è l'allungamento della vita.

Spesso, quando il destino è segnato e non c'è più nulla da fare, la durata residua di vita è determinata semplicemente dall'accanimento terapeutico che, mascherato da amorevoli cure, regala, anzi infligge, giorni o addirittura settimane di disumana sopravvivenza in più.

Ho assistito diverse volte al viavai di consulenti esterni in giacca e cravatta che, sicuramente pagati profumatamente, per giustificare la loro presenza non potevano che suggerire terapie diverse da quelle che già si stavano mettendo in atto; professoroni che studiavano cartelle cliniche e immagini radiologiche con l'espressione corrucciata di chi sta facendo finta di impegnarsi, anche di fronte a cose così ovvie che persino io capivo che non ci si potesse certo attendere qualche illuminazione divina. Per rendere l'idea, si può immaginare un'équipe di luminari di venti diverse specializzazioni che discutono seriamente sul da farsi di fronte a una lastra di un semplicissimo braccio rotto. Che patetico teatrino!

Non capisco il meccanismo che porta a rendere diverse tra loro le persone anche quando sono sdraiate su un letto di Rianimazione; anzi, lo capisco ma non riesco a farlo mio, non ce la faccio.

Ho anche saputo – voci di corridoio – che in un ospedale di una provincia non lontana, alcuni medici si spartivano tra loro i pazienti ricoverati in reparto in base a quanto fossero ricchi, per poterli spennare in futuro nei loro studi privati. Non escludo assolutamente che un fondo di verità ci sia e che una pratica simile sia più diffusa di quanto si possa immaginare; l'altra parte la natura umana non è certo così nobile.

Se c'è una cosa che il lavoro in questo posto dovrebbe insegnare è che siamo tutti uguali davanti alla vita, alla morte e alla malattia, ma evidentemente c'è chi questa lezione non la vuole imparare. Sono molti a non capirla. Con queste cose si impara a convivere. Fa schifo ma è così. È comunque, per me, un'occasione di crescita. Sono qui per questo.

Gianni ha preteso di sottoporsi privatamente, quindi a pagamento, a un delicatissimo intervento di cardiochirurgia che in precedenza gli era stato sconsigliato più volte. Ha cercato e insistito finché, giunto in questo ospedale, ha ottenuto quello che voleva. L'intervento in questione è molto impegnativo, rischioso, demolitivo, e garantisce probabilità di sopravvivenza davvero scarse e in condizioni di alta dipendenza da macchine e terapie.

Mi domando se non sia meglio morire in modo naturale con un buon supporto di terapia del dolore e una dose di razionalità e lucidità che avrebbero permesso di affrontare un addio a questo mondo molto più dignitoso.

Evidentemente non per tutti è così.

Da come mi è stato dipinto, da chi di noi l'ha conosciuto quando era ancora cosciente, Gianni è – ormai sarebbe meglio dire era – una persona ignorante, uno che ha fatto i soldi e che crede di poter comprare tutto. Mi fa davvero pena. La sua è una vita sprecata.

In un mondo giusto, Gianni avrebbe dovuto incontrare sul suo cammino qualcuno che avesse una coscienza e una morale, non certo necessariamente divine, in grado di fermarlo e di farlo ragionare di fronte al terrore della morte e al delirio di onnipotenza monetaria che si stavano sviluppando in lui. Non voglio attribuire colpe al paziente perché non immagino neppure quanti siano i pensieri che possono martellare il cervello quando la morte comincia a bussare alla porta; davvero non so che cosa si possa provare. Penso comunque che il livello spirituale o, per gli agnostici, morale e intellettuale, aiuti però ad affrontare il problema in un modo oppure in un altro.

Se Gianni non fosse stato abituato a comprare tutto – e magari non è neppure vero ed è solo il solito meccanismo di colpevolizzazione che si mette in moto per giustificare la tragedia – probabilmente ora non sarebbe qui davanti a me.

Mi domando se chi l'ha visitato e operato gli abbia detto, prima che si addormentasse per l'intervento, che quello poteva essere il suo ultimo momento di coscienza e che avrebbe potuto sfruttarlo per cambiare idea o per salutare i suoi familiari. Ho paura e non voglio sapere la risposta perché, purtroppo, la immagino.

Non escludo che l'arroganza, con cui verosimilmente si è proposto quel corpo che giace nel letto di fronte a me, abbia contribuito a ridurre notevolmente il senso di colpa di chi ha accettato i suoi soldi in cambio di una probabilmente inutile agonia.

L'operazione è stata fatta. Ora Gianni è immobile, sedato e intubato come tutti gli altri pazienti, quelli poveri. Ha sviluppato un'insufficienza renale per la quale necessita della dialisi, non riesce a respirare se non con il ventilatore polmonare, il suo cuore è costantemente aiutato da diversi farmaci e, statisticamente, gli si prospetta almeno un mese in queste condizioni dopo il quale probabilmente morirà senza aver riassaporato mai uno sprazzo di coscienza. Per me è già morto. Ora la questione è quasi amministrativa. Un paziente così è come una bomba a orologeria che è sempre meglio far sì che esploda in un altro reparto. L'ideale sarebbe riuscire a svezzarlo dal respiratore e, una volta che i reni dovessero riprendere a funzionare, trasferirlo in Cardiochirurgia affinché lì si concluda la sua odissea o possa essere successivamente, in una prospettiva ottimistica, dimesso in attesa di un quasi sicuro successivo ricovero per qualche infezione che un corpo già così provato non riuscirà a combattere. Il problema è che, finché si trova qui, i suoi familiari, che sicuramente per qualche strano motivo nutrono delle aspettative radicalmente diverse dalle mie, in caso di decesso potrebbero creare qualche grana che sarebbe meglio evitare.

Concepisco un intervento fatto privatamente quando si tratta di chirurgia estetica ma non riesco proprio a concepirlo quando si tratta di chirurgia vitale (o presunta tale): sarebbe come voler pagare per essere defibrillato in caso di arresto cardiaco. Se una cosa è utile o addirittura vitale sarà fatta e basta. Questa è una delle grandi qualità del Sistema Sanitario italiano. Il suo intervento sarebbe comunque stato effettuato. Spero solo che Gianni non abbia pagato di tasca propria ma sia stato assicurato. Non voglio neppure pensare al fatto che, in altri ospedali, gli interventi eseguiti in *intra moenia*, rassicurante termine latino per indicare che sono stati eseguiti privatamente all'interno della struttura ospedaliera che si limita a prestare i locali e le attrezzature, vengano fatti quasi ovunque in coda alla lista operatoria, quindi con tutto il personale già stanco e sicuramente meno propenso alla concentrazione perché già gravato dell'intera giornata lavorativa sulle spalle.

Se fossi stato l'anestesista prescelto da Gianni, conscio del probabile futuro che si sarebbe prospettato al paziente, di fronte alla sua arroganza, avrei accettato di addormentarlo per l'intervento, ma senza voler ricevere un solo euro. Mi sarei sentito sporco a festeggiare il Natale il giorno dopo l'operazione, scartando i regali trovati sotto l'albero pagati con i soldi rubati a un morto. Sarò esagerato ma credo che troverei molto meno immorale svaligiare una villa nottetempo.

Di questa cosa devo parlare con i miei colleghi. Devo sfogarmi con qualcuno che la pensi come me e so che non farò certo fatica a trovare supporto.

Sono sicuro che da oggi quell'anestesista non passerà più in reparto a salutare tutti con un sorriso a trentadue denti dispensando qualche simpatica battuta come era solito fare. Anzi, in realtà non ne sono sicuro ma lo spero con tutto il cuore perché vorrebbe dire che un po' di rimorso lo tormenta e sicuramente questo sarebbe apprezzabile molto più dell'indifferenza. Lo spero davvero, perché finora nutrivo una grande stima di lui.

Entra nella stanza uno dei cardiochirurghi che ha effettuato l'intervento. Non mi degna neppure di un saluto, perché io sono sicuramente un essere inferiore a lui, e comincia a leggere la cartella clinica. Scopre il paziente, lo guarda abbassandosi gli occhiali sulla punta del naso e, con il movimento del braccio, lascia che dalla scollatura della sua impeccabile divisa verde faccia capolino un crocifisso d'oro.

Sorride, si allontana dal paziente lasciandolo scoperto ed esce dalla stanza dicendo: "Sono ottimista".

Rimango ammutolito. Non c'è nulla di illegale: solo l'ennesimo siparietto di umana bassezza in cui ogni attore, me compreso, non fa che trasmettere un senso di miseria.

Rilevo i parametri vitali di Gianni e gli somministro la terapia che, nel suo caso, non si misura in milligrammi ma in etti, come il prosciutto dal salumiere.

Nella stanza, a parte la dignità, non manca nulla: ogni macchina sta facendo con precisione il proprio lavoro. La macchina della dialisi, tra mille spie luminose e allarmi che implorano l'umile intervento umano, aspira incessantemente il sangue da quel corpo che si ribella al suo destino e, dopo averlo fatto passare attraverso un filtro glielo restituisce più puro. La purezza del sangue ha purtroppo poco a che fare con la guarigione.

Con indice e pollice della mano sinistra sollevo le palpebre di Gianni per verificare la reattività alla luce delle pupille. Ci guardiamo negli occhi, ma lui non lo sa.

Capisco che ho inventato tutto. Tutta la storia dell'intervento a pagamento, della umana morale, della coscienza, dell'onnipotente denaro... tutto falso. Tutto inventato. Decido di ricrearmi artificialmente quella patina di ingenuità che i miei occhi pretendono di indossare.

Come al solito, senza che me ne sia accorto, mi rendo conto che sono già passate due ore dal primo sguardo di Mario. Il tempo vola quando il cervello non trova riposo.

Il medico di guardia oggi è Giulia: una donna sui quarantacinque anni, molto curata nell'aspetto e altrettanto, per come l'ho vista lavorare in questi anni, nella coscienza. È un bravo medico molto preparato che non ha ancora perso l'entusiasmo e la passione per il suo lavoro nonostante debba operare in un ambiente sicuramente ostile e che non lascia scampo neppure ai più determinati. Deve districarsi in un ambiente inutilmente competitivo dove ognuno sembra vivere per dimostrare al collega di conoscere una virgola in più di un manuale di medicina ormai impolverato e ingiallito dal tempo. Nessuno si preoccupa di dare questa dimostrazione al paziente.

Il camice bianco che indossa Giulia non è intriso in ogni sua fibra di quell'odioso senso di onnipotenza che sembra rivestire quello di molti altri medici che fluttuano in queste stanze come se i loro piedi neppure poggiassero a terra ma fossero sospinti dalla forza divina che li muove verso il compimento di un disegno superiore. Giulia, prima di essere medico, è un essere umano; non se lo è mai dimenticato e non ha mai perso occasione per dimostrarlo a tutti con i suoi pensieri, con i suoi gesti e con le sue scelte.

Non credo sia passato un anno da quando ha avuto il coraggio di sospendere ogni terapia, disattendendo alle indicazioni gerarchiche, a un poveretto che dopo mesi di agonia non aveva alcuna speranza di uscire vivo dalla porta del reparto. Nel caso specifico la morfina, che serviva a lenire la sofferenza del condannato a morte, aveva come effetto collaterale la riduzione dell'attività respiratoria del paziente e, di conseguenza, la diminuzione delle probabilità che si riuscisse a trasferirlo in un altro reparto per non registrare in carico alla Rianimazione un decesso che non era evitabile, ma solo posticipabile.

Giulia, sentite anche le continue lamentele di noi infermieri che siamo purtroppo costretti a soffrire impotenti di fronte a scelte non condivise e che non possiamo modificare, ha deciso di raddoppiare la morfina, sospendere ogni terapia e spegnere il respiratore.

Sui documenti si è scritto che il quadro clinico è precipitato improvvisamente fino all'arresto cardiaco.

All'arrivo in reparto della moglie per l'ultimo saluto alla salma del marito, guardandola negli occhi ho letto che aveva intuito tutto quello che era successo e, senza parlare, ha saputo ringraziare facendo capire senza ombra di dubbio che non aspettava altro che la coscienza di qualcuno si svegliasse e facesse quello che ha fatto Giulia.

Non è stata eutanasia. È stata umana compassione che ha potuto agire solo clandestinamente.

La moglie dello sventurato non ne poteva più: nonostante la lucidità, paradossalmente acquisita dalla tragedia che stava vivendo, si sentiva male ai limiti dello svenimento ogni volta che, tutti i santi giorni, si presentava al capezzale del marito e gli accarezzava i capelli nell'attesa che si spegnesse. Non aspettava altro, non certo per egoismo, ma per amore.

La nostra società non ha ancora raggiunto una maturità sufficiente a evitare che l'amore sia per forza identificato nella difesa indiscriminata delle funzioni vitali. Secondo me, amare di un amore maturo significa anche sapere quando dire addio.

Pausa caffè. Mi ritrovo in cucina con i miei colleghi, reduci a loro volta da viaggi intrusivi nella sofferenza dei loro pazienti: non chiedo nulla sul loro andamento clinico, non voglio saperne niente perché ogni informazione in più potrebbe celare una sfida alla mia sopportazione e mandare in sovraccarico la mia mente, anche oggi già provata a sufficienza. Si ride e si chiacchiera di argomenti leggeri, come se ci si trovasse sulla terrazza vista mare di un bel caffè; certamente preferiremmo quella come cornice ai nostri sorsi. Ogni tanto tra le nostre voci si intromette un lamento di dolore che, senza dubbio, rovina l'atmosfera. È il 5. Lo ignoriamo.

Giulia si unisce a noi richiamata dal profumo di caffè che si è diffuso per il reparto mescolandosi all'odore acre della malattia e poi, dopo qualche sorso dalla sua tazza gialla, ci richiama alla realtà: "Chi viene con me che inizio il giro?". Mi offro io, in modo che si avviino le visite proprio dai miei pazienti. Prima cominciamo, prima finiremo.

Fortunatamente non c'è molto da fare dal punto di vista medico per nessuno dei miei tre malati: Giulia controlla i loro esami del sangue, ne ausculta il torace ed esegue l'esame neurologico. Nessuna novità, nessuna variazione della terapia. Sono tutti tragicamente stabili.

Mario, forse per paura o timore reverenziale nei confronti della dottoressa, percepita spesso come distante e quasi irraggiungibile, non dice nulla e non tradisce alcun segno del terrore che poco prima mi aveva rivelato. Io, però, glielo leggo ancora chiaramente negli occhi di un azzurro un po' sbiadito per l'età. Il suo è il silenzio del condannato. Quell'assordante silenzio non si interromperà finché non sarà terminata l'attesa del momento in cui sarà decisa la sua sorte, ma per quello deve aspettare che arrivino i suoi figli con i quali verrà discussa la situazione e verrà deciso il modo in cui la morte dovrà sopraggiungere. So che Giulia è all'altezza della situazione e saprà accompagnarlo alla scelta giusta. L'ha sempre fatto.

Rapidamente arrivano le 18.30: l'inizio dell'orario di visita dei parenti. Il mio reparto è uno dei pochi in cui la possibilità di accesso dei familiari è molto limitata e regolata tassativamente, affinché venga garantita la possibilità per gli operatori di lavorare senza pressione maggiore di quella che è già implicita nell'attività specifica, e anche perché, riducendo il flusso di persone, si riduce anche la possibilità che entrino microrganismi patogeni che potrebbero approfittare dei corpi senza difese dei pazienti.

La presenza dei parenti in reparto è una fonte di stress non indifferente. Fino a questo momento i pazienti potevano essere considerati pezzi di carne da aggiustare, corpi senza storia.

Iniziano a materializzarsi volti in lacrime al di là degli spessi vetri degli oblò che, dal corridoio esterno, si affacciano sulle stanze come se queste fossero acquari: non si riesce più a fingere che i corpi nei letti non siano esseri umani.

Si vedono genitori, figli, fratelli che, impotenti di fronte alla realtà, si consumano e crollano interiormente. Ho imparato che le espressioni del dolore possono essere moltissime: ognuno soffre a modo suo. È terribile vedere che, a fronte di un letto occupato, si di strugge ben più di una vita e ben più di una famiglia. È angosciante vedere quei visi negli oblò. Per me sono loro a nuotare nell'acquario.

Spesso è anche peggio quando di volti all'oblò proprio non se ne vedono. Mi fa ancora piangere soffermarmi su un paziente che non riceve visita da nessuno. Vuol forse dire che non ha saputo meritarsi amore? È possibile essere davvero soli? La risposta la vedo.

Per ogni letto è ammesso l'accesso in stanza di un solo familiare vestito di un apposito camice e di copriscarpe usa e getta. Da quando le stanze vengono invase da quegli estranei in lacrime, passa pochissimo tempo prima che qualcuno di loro cominci a cercare conforto nel personale, vomitandogli addosso ansie e dolore sotto forma di domande di ogni tipo. Domande inconsapevolmente stupide e irritanti. "Ma quella sul monitor è la sua pressione?", "No, è la mia!" verrebbe da rispondere. "Mi ha detto il medico che gli è scesa la febbre, è un buon segno, vero?", "Certo! Vuole mettere come sia meglio morire senza neanche una linea di febbre?".

Mi devo trattenere. Faccio fatica a immedesimarmi nel dolore e nel disorientamento altrui. In alcuni momenti sono così razionale e distaccato che non riesco a nascondere quello che penso e questo non agevola mai una comunicazione finalizzata a un aiuto costruttivo.

Probabilmente la vita mi ha portato qui proprio per imparare questa lezione: per uscire dai miei freddi schemi e capire, prima di trovarmici in prima persona, come si vive il dolore e soprattutto che cos'è.

Mentre percorro il corridoio verso il bagno, dove mi rifugerò per un po' e dove sarò sicuro di non inciampare in qualche domanda senza risposta, mi accorgo che Giulia si trova già al capezzale di Mario e sta parlando con lui e con i suoi figli. Il fugace colpo d'occhio concesso dalla mia rapida andatura è bastato per notare le espressioni dipinte sul volto dei figli, compostamente distrutti e dignitosamente disperati. Probabilmente, mentre Giulia parlava, nella loro mente già iniziavano a prendere forma i rimorsi e i rimpianti di una vita trascorsa troppo velocemente che non aspettavano occasione migliore per presentarsi all'appello. Spero che vengano messi a frutto questi ultimi momenti di lucidità di Mario per sconfiggerli. È quello che credo cercherei di fare io.

È strano pensare che, mentre tengo con orgoglio in mano il mio pisello, cercando di fare centro nell'acqua del cesso per increspare l'immagine riflessa della mia faccia da ebete, a pochi metri e qualche muro di distanza, si stia decidendo del destino di una persona. Chissà che cosa darebbero Mario e i suoi figli per essere al mio posto. È una ruota che gira e, almeno per adesso, mi trovo dalla parte giusta.

Non ce la faccio a uscire dal bagno. Sto così bene qui, protetto e irraggiungibile. Altro respiro a pieni polmoni e apro la porta. Non riesco a percorrere nemmeno un terzo del corridoio prima di incontrare Giulia che, avvolta nel suo camice, cerca di nascondere degli occhi un po' troppo lucidi per chi non ha nulla da raccontare. Intuisco il motivo della sua commozione. La fermo e le chiedo cosa è stato deciso per Mario. Risponde succintamente, quasi singhiozzando: "Morfina e lo portano a casa".

Sapevo che sarebbe andata così. Conosco Giulia. Mi domando quale sarebbe stato l'epilogo di questa storia se il medico di guardia oggi fosse stato qualcun altro.

Non potevo sperare nulla di meglio per Mario. Mi sento sollevato sia perché credo che questo sia l'epilogo più dignitoso, sia perché mi sarà risparmiata la prima fila dello spettacolo del progressivo spegnimento di una persona. Non si meritava di terminare questo suo viaggio terreno nel letto 1.

È particolarmente pesante assistere alle varie fasi dell'avvicinarsi della morte, soprattutto quando prende possesso del corpo con una snervante lentezza che lascia troppo tempo per riflettere. È angosciante soprattutto assistere agli ultimi momenti di coscienza. Tutti preferiamo un improvviso arresto cardiaco in un comatoso.

Non possiamo scegliere. Giulia comincia a compilare i documenti per la dimissione di Mario e, nel frattempo, io organizzo il trasporto. Chiamo l'ambulanza. Sarà qui tra un'ora.

Appena riagganciata la cornetta del telefono, mi giro e vedo che la moglie del ricchissimo Gianni è immobile sulla soglia della stanza del marito e lo guarda con uno strano sorriso sul volto. Incuriosito e allo stesso tempo rassicurato da quell'inaspettata espressione alla quale non riesco a dare giustificazione, mi avvicino a lei e, contravvenendo ai miei propositi di stare il più lontano possibile dai familiari dei pazienti, le chiedo se ha bisogno di qualcosa. Mi sono illuso che quel sorriso non potesse certo incastrarmi in qualche situazione spiacevole. Mi sbagliavo.

"Chissà come si arrabbierà quando si sveglierà e vedrà che gli avete tagliato i capelli! Ci teneva molto alla sua chioma fluente!". Rispondo senza pronunciare alcuna parola, ricambio il suo sorriso con il mio, visibilmente meno spontaneo. Esco dalla stanza scuotendo rassegnato il capo, facendo attenzione a non essere visto da nessuno.

Incrocio l'anestesista che ha seguito Gianni, il dottor Girola. Non lo chiamo più per nome e torno a dargli del lei. Sento il bisogno di prendere le distanze. Lo saluto e aggiungo: "Grazie per avermi strappato dagli occhi l'ultima patina di ingenuità". Abbassa lo sguardo. Risponde al saluto ma non alla mia provocazione. Niente sorrisi e niente battute di spirito.

Pausa cena. Mi chiudo in cucina con gli avanzi delle porzioni arrivate per i pochi pazienti che in questo posto possono ancora assaporare del cibo in modo naturale. I più ricevono il nutrimento per infusione nelle vene oppure tramite sondino direttamente nello stomaco. Niente più senso del gusto da appagare.

Riesco a rifugiarmi qui per un po'. Guardo fuori dalla finestra e vedo qualche timido raggio di sole: chissà se Sandro avrà poi fatto il giro in bici con sua figlia. So che ci teneva molto.

Dalla sedia sulla quale sono comodamente seduto al cospetto di un insipido piatto di minestra di verdure vengo richiamato al lavoro dal suono del citofono del reparto. All'istante mi torna in mente che potrebbe essere arrivata l'ambulanza chiamata per Mario. Saluto il mio minestrone e rispondo al citofono.

Attraverso il vetro smerigliato della porta d'ingresso, risalta solo l'arancione fosforescente delle divise dei volontari della Croce Rossa che traccia sfumatamente le sagome umane di chi le indossa.

Vado da Mario e lo avviso che sta per uscire da questo inferno che ha rischiato di essere l'ultimo posto in cui avrebbe vissuto. In un clima di apparente serenità, forse dovuto alla consapevolezza della buona scelta fatta, chiedo ai figli di accomodarsi fuori dalla stanza; vesto Mario con un anonimo camice bianco, sfilo dal suo corpo tutto ciò che di artificiale lo invadeva e lo saluto con un sorriso che serve più a me che a lui. Mi serve per poter scrivere nella mia mente il lieto fine di almeno una delle storie di cui sono spettatore oggi. Mario mi accarezza la mano e incrocia il mio sguardo ancora per un istante. Forse sta piangendo. La lettiga si allontana lentamente fino a scomparire fuori dalla porta e solo quando anche l'arancione delle divise è lentamente sfumato nel grigio del muro dell'atrio riesco a distogliere lo sguardo e a muovermi nuovamente.

Spengo il cervello per il tempo che mi separa dalla fine del mio turno e lo riaccendo solo quando, come ultima cosa prima di uscire, prendo dall'armadio nello spogliatoio dei visitatori la divisa pulita che indosserò la prossima volta.

Le divise impilate con precisione in ordine di taglia non sono tutte uguali: alcune sono nuove, altre sgualcite, alcune blu elettrico e altre azzurro sbiadito, alcune con ben in vista una targhetta con scritto in stampatello RIANIMAZIONE e altre che quella targhetta, a causa dei frequenti lavaggi, l'hanno persa da anni. Tra tutte ne scelgo una sbiadita e anche un po' sgualcita nelle cuciture, senza quella targhetta che a molti piace sfoggiare per sentirsi un gradino sopra agli altri. Un'etichetta che aiuta molto chi nutre il bisogno di gonfiare il proprio ego per potersi sentire uomo. Io non riesco a indossarla, mi fa provare uno strano sentimento di vergogna perché, nel reparto che si vanta di rappresentare, assaporo quotidianamente la piccolezza dell'essere umano che si scontra con la presunzione di divino che lo permea.

Non mi sento migliore di nessuno.

Le 21.15: passo il badge, e timbro da destra verso sinistra.

UN BALLETTO APPOSTA PER ME

Mi rigiro per la centesima volta nel letto caldo. Non ho dormito bene stanotte, non so perché; ho avuto freddo e probabilmente non ho fatto dei bei sogni. Dal mondo esterno giunge ovattato solamente il rumore quasi armonico della pioggia scrosciante. Mi sento inquieto.

Per fortuna è ancora presto e potrò star qui a rilassarmi avvolto nel piumone finché la timida luce di questa grigia giornata invernale non riuscirà a insinuarsi tra gli spiragli lasciati incustoditi dalle tende scure non perfettamente chiuse. Per la camera da letto ho scelto dei tendaggi neri molto spessi per tenere il più possibile la vita del giorno fuori dalla mia stanza nelle mattinate che sono costretto a passare a letto cercando, spesso invano, di riposare dopo essere stato sveglio tutta notte.

Sono nato esattamente trentatré anni or sono.

Fino a quando ero poco più che ventenne, il giorno del compleanno era un giorno triste, non perché, come capita a chi è un po' più in là d'età, avessi paura di scoprirmi vecchio e di rendermi conto di aver accettato troppi compromessi tra i sogni della gioventù e la realtà, ma perché temevo che non avrei ricevuto le giuste attenzioni durante quella giornata che sentivo più mia di ogni altra.

Mi sono sempre sentito trascurato; chissà che cosa mi aspettavo da un giorno che, in fondo, non è per nulla diverso da qualsiasi altro. Mi sarebbe piaciuto che il mondo si fermasse per celebrarmi. Non è mai accaduto.

Crescendo ho smesso di aspettarmi grandi cose dal giorno del mio compleanno fino a giungere a considerarlo così insignificante che, più volte, mi è capitato di dimenticarmene io stesso fin ché qualche messaggio di auguri sul telefono non me lo ricordasse tardivamente.

Non mi sono ancora alzato e la mia mente inizia già a essere violentata da mille immagini che si impongono.

Controvoglia, come ogni anno da qualche tempo a questa parte, i miei pensieri mi forzano in un bilancio di vita che ho paura di affrontare: in particolare mi trovo a rivivere passivamente l'ultimo anno e lo riscopro sotto una nuova luce, lo leggo con un salutare distacco e ne scorgo sfumature che non si riescono a notare se non a posteriori.

Sono convinto che l'unica vera crescita consista nel vedere ogni cosa da una prospettiva sempre diversa, sia che ciò accada per il succedersi degli eventi che materialmente fanno cambiare il punto di vista, sia che ciò accada solamente grazie a un percorso mentale, più o meno desiderato e più o meno consapevole.

Le riflessioni che stanno prendendo forma nella mia mente sicuramente mi aiuteranno a crescere. Mi aiuteranno a non smettere di crescere.

Mi chiedo se sono fiero di me e se sono felice. Domande veramente difficili se, a esse, si intende dare una risposta sincera e realmente sentita sia con il cuore, sia con la mente. Per fortuna sono abituato a mettermi in difficoltà con questo tipo di intimi quesiti. Faccio fatica a trovare una risposta chiara e immediata, ma credo di potermi ritenere soddisfatto di me, di come sono, di quello che ho fatto e di come ho vissuto le meraviglie, spesso celate nel dolore, che la vita ha voluto mostrarmi.

Mi chiedo come mi vedo nel futuro. Non riesco a visualizzare alcuna immagine; so solo che dovrò sempre continuare a leggere il libro della vita con la stessa chiave di lettura che mi sono costruito con tanta fatica e che mi permette di provare un sentimento che si potrebbe definire serenità.

Con la testa che mi sembra sempre più pesante sul cuscino, mi pongo qualche domanda anche sul mio lavoro. Lo farò per tutta la vita? Ci riuscirò? Se tornassi indietro lo sceglierei nuovamente? So quanto è importante fare ciò che si sente.

Quando, ormai qualche anno fa, dicevo di voler fare l'infermiere per ricevere gratificazione dal sorriso di una fragile vecchina, ci credevo davvero.

Ora le cose non stanno più così: capisco che le motivazioni non sono più quelle suggerite dal pensare ingenuo di un ragazzo con forse troppi sogni. Oggi non mi basta più il sorriso di un malato che ha bisogno di me anche per poter compiere le azioni più semplici, che è tornato a vivere i bisogni del bambino. Oggi, a fronte di un sorriso che posso ricevere, mi rendo conto che sono costretto ad assistere a cento tragedie e mille lacrime. Questo non significa che non ho più motivazione, ma semplicemente che questa è cambiata: non è più quella illusoria che mi aveva rapito.

Sono contento e fiero di me per aver rinunciato, anni or sono, a una prestigiosa professione, per aver messo da parte una laurea in Giurisprudenza che aveva già iniziato ad aprirmi le porte del successo e della carriera socialmente approvata: quella in giacca e cravatta.

Ogni mattina mi svegliavo nauseato dall'inutile giornata che mi attendeva in ufficio, dal numero di culi che avrei dovuto leccare e dal numero di recite che avrei dovuto mettere in scena e per fingermi uno di quegli uomini in completo grigio. Ma perché dovevo farlo?

Mi rendevo conto che le mie giornate erano letteralmente sprecate – nell'impegno di far arricchire qualcun altro – fino al momento in cui uscivo dalla porta dorata dell'ufficio per tornare a casa, ormai troppo depresso per sfruttare le poche ore della sera per fare qualcosa di costruttivo o, quanto meno, interessante. Il mondo mi appariva completamente grigio.

Le sirene delle ambulanze che percorrevano in velocità la provinciale accanto all'azienda che mi stava promettendo un brillante futuro, cercavano di svegliare in me qualcosa di assopito.

Avevo già conosciuto quelle sirene l'anno prima, durante il servizio civile in Croce Rossa; quelle sirene che mille volte avevo personalmente acceso premendo il tasto rosso sul cruscotto. Quel pulsante sembrava riversare in circolo nel mio corpo e nella mia mente grandi quantità di adrenalina. Probabilmente era così.

Non rinnego e, al contempo, non rimpiango gli anni di terapia e antidepressivi che mi hanno portato qui dove sono e che mi hanno permesso di essere me stesso e non un frutto acerbo della società dell'apparire; quegli anni che mi hanno aiutato a cambiare, a ignorare gli ostacoli di una scelta scomoda e sicuramente poco prestigiosa. Sono stati anni difficili.

Mi rendo conto solo ora di aver rischiato molto. Poteva andarmi male. Avrei potuto incontrare difficoltà nella laurea in Infermieristica tali da dover fare un passo indietro e, a quel punto, se non fossi riuscito a diventare infermiere sarei stato rovinato perché non sarei potuto tornare senza conseguenze e, sopratutto, senza aver irreparabilmente macchiato il mio *curriculum*, alla vecchia professione. Sono stato anche un po' incosciente.

Fortunatamente è andata bene. Rifarei tutto.

Ora la mia divisa azzurra, che con orgoglio considero addirittura parte di me, mi conferma che non c'è differenza tra me e i miei colleghi, che non c'è competizione tra noi perché siamo tutti esseri umani che hanno ricevuto il regalo di poter essere spettatori privilegiati nel teatro della vita.

Non so se andrò avanti a fare questo lavoro fino all'età della pensione; sicuramente, anche se non a breve, cambierò reparto nella speranza di trovarne uno in cui sia un po' più facile assistere al volgere delle tragedie verso un lieto fine.

Mi alzo a fatica. Mi sciacquo il viso con dell'acqua tiepida e, sollevando la testa dal lavandino, mi soffermo sul mio riflesso nello specchio. Mi guardo fisso negli occhi per quasi un minuto.

Voglio interrompere quel dialogo interiore con me stesso che mi ha tenuto compagnia nei primi momenti di questa giornata e che mi ha dato il benvenuto in un nuovo anno di vita.

Mi vesto ed esco di casa.

Inserisco la chiave nel cruscotto dell'auto, la giro e parto tenendo il motore a basso regime.

Oggi la macchina non mi porterà al lavoro.

Guido a bassa velocità per le strade del mio paese ascoltando ad alto volume *Que sera, sera* cantata da Doris Day. Gli occupanti di ogni auto che incrocio, i pedoni che camminano frettolosi sui marciapiedi, il movimento ripetitivo dei tergicristalli sembrano tutti scandire armoniosamente il ritmo della stessa musica, come in un balletto che il mondo sta allestendo apposta per me.

È il regalo di compleanno più bello.

Sento la vita che mi scalpita dentro.

IN BIANCO E NERO NEL RETROVISORE

La prima storia

"E che dire della prima fidanzatina? Che bei ricordi! Riescono a riportarmi il buonumore anche oggi che mi trovo qui in un letto di ospedale dopo che mi hanno aperto e richiuso il cranio. Sicuramente non mi manca molto da vivere su questo mondo, ma quanto più potrò restarvi, tanto più sarò felice. Certo che se il buon Dio mi volesse al suo cospetto, sarei pronto anche ora".

Giulio riprese a parlarmi dopo un minuto di silenzio durante il quale non so se abbia riposato o meditato.

"Speriamo che il buon Dio la lasci ancora qui per un bel po'!" gli risposi subito. "Mi piace sentirla parlare della sua vita!" aggiunsi mentre pensavo che ero proprio fortunato ad aver incontrato Giulio proprio quel giorno, in cui l'attività del reparto sembrava essere meno incalzante del solito.

"Mi racconti della sua prima fidanzatina, dunque!", lo spronai. Presi la sedia e mi sedetti di fianco al letto tenendogli nuovamente la mano. Capita raramente che ci sia il tempo per parlare con un paziente.

Mi guardò, sorrise e cominciò il racconto.

"Ero già ventunenne, lavoravo in una tessitura ormai da un paio d'anni. Ai tempi c'era molto lavoro. Uscivo di casa la mattina presto e tornavo solo per cena. Il lavoro era pesante ma mi piaceva. Lavoravo nella stessa ditta di Ambrogio, il mio amico.

Avevo da poco passato i ventuno anni quando mia cugina Monica, non molto più giovane di me, che ai tempi mi era stata affidata da sua madre con l'esplicito obiettivo di trascinarla fuori di casa e farle conoscere un po' di gente, in un'uscita finalizzata all'integrazione delle nostre rispettive compagnie, mi ha presentato una sua amica: Floriana.

Flori, questo è il soprannome che le diedi – era una ragazza veramente bella, dai lineamenti dolci, capelli castano chiaro, occhi scuri e, cosa da non sottovalutare, un gran bel paio di meloni che lei chiamava con orgoglio *gioielli di famiglia*. Era una di quelle ragazze che ispirano tenerezza al primo sguardo. Non ne vedo più in giro di ragazze così al giorno d'oggi!

Esisteva un insieme di caratteristiche per lo più fisiche, ma non solo, che identificava il tipo di ragazza che mi attraeva profondamente. I miei amici riuscivano ancor prima di me a riconoscere chi racchiudesse in sé tutte le peculiarità che cercavo in una donna, e io ho sempre apprezzato questa loro capacità d'intuizione, perché mi rendeva più facile capire quale fosse la fondamentale opinione della compagnia sulle ragazze che frequentavo e, soprattutto, mi regalava un gran senso di intimità con i miei amici, il che, nella mia passata adolescenza, ha sempre rivestito un'importanza non indifferente.

Per chiarire la cornice degli eventi, non posso esimermi dal richiamare alla memoria il fatto che io fossi reduce da un paio d'anni d'astinenza.

Con Floriana ci piacemmo subito e, già dal giorno seguente il nostro primo incontro, cominciammo a frequentarci in modo indipendente dalla cugina mediatrice. I primi tempi ero proprio entusiasta: era la prima volta che avevo consapevolmente una ragazza. Una ragazza tutta mia che potevo chiamare quando volevo, che potevo baciare, accarezzare, con cui potevo parlare di tutto. Non è stata la prima ragazza che ho avuto, ma è stata la prima con cui mi sono visto in una nuova ottica; provavo qualcosa di diverso.

Era forse amore? Non so, ma sicuramente era innamoramento.

Le ragazze che l'hanno preceduta non rappresentavano altro che esperienze di rodaggio, anche se non nascondo mi avessero fatto provare emozioni davvero forti. Quando si è alle prime armi, le emozioni sono sempre sproporzionate rispetto all'evento che le genera, come nei sogni: qualsiasi emozione provata in sogno è dieci volte più intensa della sua corrispondente reale. Almeno per me era ed è così.

Con Flori andavo veramente d'accordo, eravamo sulla stessa lunghezza d'onda: siamo nati nello stesso giorno dell'anno, lei due anni dopo di me. Questa coincidenza avrà pur voluto significare qualcosa!

Mi ricordo l'episodio della prima (e unica, in un anno) volta che abbiamo fatto l'amore. Lei era illibata, quindi era necessario creare una situazione che fosse romantica, dolce, unica. Come ogni ragazza, chissà quante fantasie avrà costruito intorno alla sua prima volta! Il principe azzurro, un letto a baldacchino, la spiaggia all'alba, l'arcobaleno…

Io cercai di non deluderla… infatti fu ardua la scelta di dove andare ad appartarci! Avevamo girato in bicicletta almeno mezz'ora senza trovare il posto giusto, finché non ebbi la brillante idea (chissà come mi venne?) di entrare in un podere privato. Era notte, sembrava la scelta migliore. Proprio durante il tanto agognato rapporto… rumore di passi. Qualcuno si è avvicinato al nostro nido d'amore e, per un istante, ha dovuto godere della vista del secondo amplesso della mia vita. Chi era? Imprevedibile! Il proprietario del podere! Per fortuna era un ragazzo giovane e, con un sorriso e uno 'Scusi, non sapevo…' si è risolta onorevolmente la questione, se onorevole può considerarsi una fuga con le braghe calate!

Ricordo il viso terrorizzato di Flori e l'espressione quasi d'ammirazione del guastafeste… In effetti non nascondo di essermi sentito parecchio *macho* in quel frangente.

Manco a farlo apposta quell'episodio ha rappresentato il picco di attività sessuale con Floriana. Non ricordo bene il motivo del successivo declino; mi sembra che lei mi avesse confessato che le avevo fatto male e questo mi abbia inibito per il resto della nostra storia d'amore! Da quel giorno, che credo si possa collocare a circa un mese dal nostro primo incontro, siamo andati avanti con il semplice – ma non meno appagante – *petting*, come lo chiamate voi oggi.

Più ci penso e più mi domando perché non avessimo mai fatto l'amore davvero bene. Che stupido sono stato! In me sicuramente giocava un ruolo importante il fallimento di due anni prima e la paura di farle fisicamente male… d'altra parte non avevo una conoscenza sufficiente di che cosa mi stessi perdendo e quindi anche lo stimolo ad agire si lasciava attendere. Lei, forse per pudore o per inesperienza, mi ha confessato dopo quasi un anno di relazione che aveva soffocato per parecchio tempo la voglia di fare l'amore con me. Che peccato!

Quando torno dalle vacanze faremo la terapia dell'amore', le promisi.

Mi lasciò per telefono due giorni dopo che ero partito per il mare con gli altri ragazzi della compagnia. Aveva trovato un altro. La terapia l'avrà fatta con lui.

Con Floriana ho commesso molti errori, credo inevitabili per il basso grado di maturità al quale ero arrivato. Dopo i primi mesi di paradiso avevo iniziato ad accantonarla come un giocattolo vecchio, che mi aveva stancato; volevo stare sempre con i miei amici. Forse è di loro che ero innamorato. Non mi rimprovero di questo, perché credo che quella del bisogno del branco sia una fase naturale nello sviluppo di molte persone, per lo più di molti maschi. Purtroppo, se tornassi indietro, temo che rifarei le stesse scelte e gli stessi sbagli.

Ora chissà che fine ha fatto Flori. Credo viva da qualche parte con qualcuno. Non so se si sia mai sposata. Non la vedo da più di vent'anni, da quando non lavora più come commessa in un negozio di abiti davanti al quale mi capitava di passare. Non c'era volta che, vedendola dietro al bancone, non entrassi almeno per un saluto."

Giulio smise di parlare e i suoi occhi si chiusero lentamente. Si addormentò. Sfilai delicatamente la mia mano dalla sua e riposi silenziosamente la sedia che avevo preso per accomodarmi di fronte a quel palcoscenico.

Spensi la luce e chiusi la porta. Silenzio.

Ripensai alla mia prima storia d'amore.

Il tempo che passi rimandando qualcosa che senti di voler fare è tutto tempo sottratto alla vita.

" ... mi chiedo se Paolo abbia fatto della sua vita ciò che voleva..."

IL DONO

Oggi non sarei dovuto essere qui. Non avevo previsto che mi sarei dovuto immergere nel dolore anche in questa bella giornata di sole.

Avevo in programma di stare a casa a riposare o, al massimo, di andare a fare un giro in qualche centro commerciale. Non ho bisogno di nulla: mi piace solamente guardare la gente che cammina veloce tra le corsie degli ipermercati con quell'espressione dipinta sul volto di chi sta facendo qualcosa di importante per il mondo. Mi piace guardare le vetrine dei negozi, soprattutto di quelli che vendono prodotti tecnologici, per vedere quali sono gli ultimi inesistenti bisogni che il nostro sistema economico e commerciale ha inventato per sfilare soldi dalle tasche degli ingenui e per sfilare energie mentali dai cervelli di tutti.

Ogni quindici giorni ho un turno di reperibilità per il prelievo d'organi; ciò significa che una volta ogni due settimane posso essere chiamato d'urgenza dall'ospedale e, in tal caso, devo raggiungere il mio reparto nel minor tempo possibile. Oggi è capitato. Mi hanno chiamato perché un giovane ha avuto un incidente in moto e il trauma cranico che ha riportato gli ha rubato la vita.

Mediamente capita un caso al mese in cui si verifichi la – sfortunata per qualcuno e fortunata per altri – circostanza in cui una persona dona i suoi organi a chi, altrimenti, sarebbe condannato a morte o a un'esistenza sicuramente non facile. La probabilità che mi chiamassero era veramente bassa ma evidentemente la fortuna non è dalla mia parte.

Mentre salgo le scale, un po' affannato perché da quando sono stato chiamato è passata più di mezz'ora, ancor prima di entrare in reparto incontro diverse persone in lacrime già sul pianerottolo del quarto piano. È normale: sono tutti parenti e amici del ragazzo morto che ancora non si capacitano di che cosa sia accaduto e che ancora non credono che sia finita la sua esistenza. Sanno che donerà gli organi e questo li aiuta in un momento così tragico, perché lascia intuire che la sua vita continuerà in altri corpi.

Mentre entro in reparto facendomi strada attraverso quel muro di persone disperate che stazionano fuori dalla porta chiusa, provo una sorta di imbarazzo impacciato e, mentre incrocio qualche sguardo bagnato, avverto un senso di colpa che difficilmente riesco a spiegarmi. Ho paura di salutare perché mi sembra di perdermi in una formalità che in questo momento potrebbe essere superflua, ho timore a pronunciare qualsiasi parola perché so che non potrebbe che suonar stridente e forzata rimbalzando inutilmente in orecchie che l'unica cosa che vorrebbero sentirsi dire è che è accaduto un miracolo.

Decido di entrare in reparto a testa bassa e attraversare la soglia della porta in religioso silenzio cominciando a indossare la maschera affranta che potrò sfilarmi solo quando sarò risalito in macchina stasera e accenderò il motore che mi porterà a casa.

La chiave della porta d'ingresso fa fatica a girare nella toppa. Mi sento addosso gli sguardi di tutti e ho la sensazione di essere aggredito. Quei quattro secondi di fermo immagine imprevisto di fronte a una serratura poco oliata mi sono sembrati dieci minuti, mi sentivo soffocare e, ora che sono entrato, mi rendo conto di aver anche trattenuto il fiato come se fossi stato immerso in un'aria che non volevo entrasse in me.

L'atmosfera, come era facile immaginare, non è distesa. Regna uno strano fermento che si miscela a un dolore diverso e forse più intenso di quello a cui queste mura sono abituate.

Ora mi aspetta un rapido saluto ai colleghi e poi dovrò subito cominciare il mio lavoro nella stanza del *cadavere a cuore battente* – questo è il nome con cui ci si riferisce al donatore per evitare di chiamarlo *paziente*.

È importante utilizzare i termini giusti perché la parola *paziente* potrebbe ingenerare in chi si trova di fronte al suo letto la sensazione che ci sia ancora vita in quel corpo che di poco si differenzia, all'analisi del solo sguardo, da una persona imprigionata in un coma. Sarebbe sicuramente meglio chiamarlo con il suo nome: Paolo.

Paolo ha ufficialmente lasciato questo mondo un'ora fa, quando è stato registrato il primo elettroencefalogramma piatto, quello in corrispondenza del quale, per la legge italiana, viene determinata l'ora del decesso.

Il consenso al prelievo degli organi è stato dato, prima che io arrivassi, dai genitori straziati al medico di guardia, al quale mi affiancherò in queste lunghe ore che mi si parano davanti.

Dev'essere difficilissimo dover chiedere a una madre il permesso di smembrare il figlio e distribuirlo a pezzi per l'Italia; fortunatamente esistono delle maschere che, una volta indossate ben salde sul volto dei medici e del personale sanitario in generale, proteggono e guidano in questa delicata fase di sciacallaggio a fin di bene.

Per tutto il periodo dell'osservazione di morte cerebrale, che si quantifica legalmente in sei ore, i genitori e i parenti più stretti del defunto hanno il permesso di restare in stanza e ci rimarranno fino al momento in cui Paolo dovrà uscirne per essere portato in sala operatoria: il luogo che lo vedrà fisicamente integro per l'ultima volta.

La presenza costante dei parenti, in questo caso mille volte più che nel lavoro di tutti i giorni, esaurisce le poche energie che sento di avere e che mi permettono di muovermi. Mi sento come se fossi la batteria di una torcia la cui carica viene sottratta da una lampadina molto più potente di quella che è in grado di alimentare.

Ogni volta che entro in questa dannata stanza, gli occhi imploranti pietà di quella madre e di quel padre, che oggi, qui, stanno a loro volta perdendo la vita, mi fanno paura. Mi rendo conto di non essere del tutto in grado di sostenere gli sguardi di chi, dell'esistenza terrena, sta capendo molto più di me. Allo stesso tempo mi sento in dovere di stare vicino a quelle persone che soffrono. Mi riprometto di impegnarmi al massimo nelle terribili ore che mi aspettano per portare, per quanto sia in mio potere, un po' di sollievo a quelle anime. Ci proverò.

Alessia, una mia collega con la quale, non so perché, non ho molto feeling, ha già eseguito prima del mio arrivo i prelievi di sangue destinati al Centro Trapianti che dovrà valutare le compatibilità tra il donatore e l'immenso numero di persone che aspettano la telefonata che cambierà la loro vita grazie alla notizia di un organo nuovo in arrivo.

Mi occupo dell'organizzazione del trasporto in ambulanza dei campioni di sangue e poi rientro in quella stanza nella quale tante volte mi sono abbandonato a rumorose risate con i colleghi, ignorando i corpi addormentati davanti a me.

Oggi questo non può accadere. Il mio reparto ora non è solo mio, ma è invaso dalle lacrime inarrestabili di chi ha perso un figlio.

Il primo elettroencefalogramma che ha decretato il completo silenzio cerebrale, dal quale parte il conto alla rovescia delle sei ore di osservazione di morte, apre la sequela degli esami diagnostici e clinici previsti dalla legge e richiesti dal Centro Trapianti che, in contatto telefonico quasi costante, guida a distanza il nostro lavoro.

La pressione sanguigna del corpo di Paolo non è stabile e la quantità della diuresi supera il mezzo litro all'ora. È troppo. Capita spesso che sia difficile il mantenimento di una relativa stabilità dei parametri vitali quando la gestione delle funzioni corporee è affidata a un cervello morto, non più irrorato da neppure una goccia di sangue. Preparo la dopamina che il medico ha prescritto e ne inizio l'infusione dopo aver appeso all'asta del letto una flebo in più perché sia mantenuto un volume di liquido nelle vene adeguato per compensare la diuresi eccessiva delle scorse ore.

In questa stanza sono solo con un cadavere che si finge vivo, con i suoi cari e con il medico che spesso entra per controllare i parametri vitali e per capire come poter intervenire quando si avessero valori non normali. I miei colleghi non entreranno: io sono l'infermiere dedicato al caso e nessun altro verrà a fare un bagno di dolore qui dentro se non sarà strettamente necessario. Gli altri andranno avanti con il loro lavoro fuori da questa stanza, toccheranno corpi ancora vivi. Li capisco: è una forma di difesa. Nessuno vuole scontrarsi con la sofferenza che prende forma intorno a questo letto.

Mi rendo conto nuovamente di essere solo con me stesso e con le mie paure.

Il torace di Paolo si solleva ritmicamente, gonfiato dalla forza del respiratore; sul monitor le onde colorate dell'elettrocardiogramma, della saturazione di ossigeno e della pressione arteriosa sono regolari, forse anche più di quanto non lo siano quelle sui monitor degli altri pazienti che in questo momento condividono il reparto con le spoglie di Paolo, ma forse non più con la sua anima.

Capisco che la tentazione di considerare questo ragazzo ancora in vita sia grande, anzi, irresistibile, ma è morto. Devo sempre prestare attenzione a non trattare questo corpo come se fosse vivo. Devo stare attento a usare il tempo passato dei verbi quando parlo di lui. I genitori devono metabolizzare la perdita e io non posso fingere di vedere una vita che non c'è più.

La madre si alza improvvisamente dalla sedia sulla quale era compostamente seduta e si abbandona a un'irruente manifestazione di dolore che non mi aspettavo: si getta sul corpo di suo figlio, si appoggia col capo al suo torace e gli stringe forte la mano destra, quella libera da aghi e cannule. Scoppia in un tremendo pianto e, dopo qualche secondo, mi guarda. Non ho fatto in tempo a fuggire dal suo sguardo perché la stavo fissando per verificare che con il suo abbraccio non sfilasse nessuno dei presìdi collocati sul petto e sulle braccia del giovane.

Tra le lacrime, i suoi occhi sembrano implorarmi di fare il possibile. Lei non sa che ora, per me, fare il possibile non significa altro che cercare di tornare a casa mia al più presto, magari senza quel forte mal di testa che non si fa mai attendere ogni volta che mi trovo a dover lavorare durante un'osservazione di morte per il prelievo d'organi. Questo è il mio obiettivo.

Il padre è ancora seduto e credo preferisca lasciare che sua moglie si sfoghi senza soffocare la sua teatrale manifestazione d'amore.

Il medico entra in stanza senza mai permettere al suo vero volto di far capolino da sotto la maschera affranta, annuncia compostamente che si deve procedere all'*apnea test* e chiede gentilmente ai genitori di Paolo di accomodarsi fuori dal reparto. Finalmente un po' di respiro. Accompagno alla porta il padre e la madre del cadavere e mi accerto di averla ben chiusa alle loro spalle in modo da garantire a me e a tutti una pausa di libertà da quell'opprimente presenza.

Torno nella stanza e mi scambio con il medico uno sguardo di reciproco incoraggiamento accompagnato da un sospiro di sollievo. Finalmente si può dire qualche idiozia e si può fare una risata. Non ne abbiamo voglia.

L'*apnea test* consiste nello staccare la salma dal respiratore lasciando una fonte di ossigeno vicino all'estremità aperta del tubo tracheale. Ci si limita a osservare che il torace non si muova anche quando la pressione parziale di anidride carbonica nel sangue, dopo qualche minuto di apnea, raggiungerà un determinato valore che, in un vivo, innesca un riflesso autonomo di respiro. Nulla di complicato.

Questo esame si conclude in una decina di minuti al massimo, ma fingo di dimenticarmi di riaprire ai parenti per assicurarmi un egoistico riposo mentale. Non mi sento in colpa.

Non è la tragedia in sé a mettermi a dura prova: è il vedere la tragedia negli occhi pieni di amore tradito di chi la vive. È l'impossibilità di ridurre il tutto a un semplice pezzo di carne malata o senza vita.

Per ora sembrano non esserci altre indicazioni diagnostiche. Non è richiesta l'angiografia né la coronarografia: il corpo di Paolo, per il momento, non subirà altre profanazioni. Fortunatamente per me, sta filando tutto liscio. Tra quattro ore il periodo di osservazione finirà, ma bisognerà attendere che le varie équipe chirurgiche, alle quali saranno stati aggiudicati dal Centro Trapianti i diversi organi di Paolo, raggiungano l'ospedale. Speriamo arrivino tutte da qui vicino.

Pausa caffè. Anche in cucina non si respira il solito buonumore: sia che ce ne si renda conto consciamente, sia che non ce ne si accorga, la tragedia di cui siamo spettatori oggi si impossessa di noi.

Vado in bagno. Mi specchio nell'acqua del cesso e poi, mentre lavo le mani, studio la mia immagine anche nello specchio del lavandino e cerco di capirmi. Chiudo il water e, prima di tornare al lavoro, mi ci siedo un attimo per tirar le fila di questa giornata un po' strana e, al contempo, troppo normale. Mi rendo conto di come il mio lavoro si intrecci indissolubilmente con la vita delle persone; mi rendo conto che il ruolo che interpreto mentre indosso la mia divisa azzurra si scontra con chi, di fronte a me, non sta interpretando una parte ma è se stesso in tutto e per tutto. Quando mi cambio dopo il lavoro e indosso nuovamente gli abiti che mi hanno pazientemente aspettato chiusi nell'armadietto, insieme ai miei zoccoli verdi ci deposito anche tutto ciò che i miei occhi sono stati costretti a vedere e le mie orecchie costrette a sentire. Porto via con me solo l'elaborazione delle emozioni che ho provato e che ho visto provare da chi ho incontrato sui miei passi, anzi da chi mi ha incontrato sui suoi passi, e porto via la lezione che ho imparato per poterla applicare a me e alla mia vita. Non avrebbe senso quello che faccio se non mi lasciassi migliorare dalle esperienze.

Devo uscire dal bagno. Devo tornare nella stanza della tragedia.

Mi avvicino alla porta del reparto per far rientrare i genitori di Paolo. Ancora prima di aprirla sento, all'esterno, il pianto di una ragazza. Credo sia la fidanzata, la *ex-fidanzata*, ma non voglio saperlo. Come abbasso la maniglia della porta d'ingresso, mi si avvicinano in un lampo i genitori del morto e una giovane donna. Mi sento nuovamente aggredito. Vivo la sensazione di aprire una gabbia piena di cani affamati che sperano che io stia portando loro del cibo.

Il padre di Paolo, un signore distinto e molto educato anche se visibilmente provato, mi si avvicina e mi chiede con voce tremante se posso far entrare in stanza con lui e la moglie anche la fidanzata del povero figlio, indicandomi con un cenno la ragazza in lacrime di cui riconosco il pianto che poco fa ho sentito attraverso la porta. "Certo" rispondo. Sì, era la fidanzata. Non volevo saperlo ma evidentemente dovevo.

In silenzio accompagno queste tre persone disperate nella stanza in cui giace Paolo senza vita ma con tutti i parametri vitali stabili e ben visibili sul monitor, così come ben visibile è l'espansione toracica così netta e ritmica che impedisce di considerare quel corpo già cadavere.

Mi ero ripromesso di impegnarmi per regalare qualche parola di sollievo. Mentre, appoggiato al bancone della stanza, osservo in silenzio quella scena – che mi ricorda un paradossale presepe – di tre esseri umani distrutti, cerco di sforzarmi di trovare qualcosa da dire. Nulla.

Nella mia mente, il vuoto. Capisco che in questo momento non c'è nulla che potrei dire o fare per cambiare la situazione o, semplicemente, per farla vedere da una prospettiva diversa, migliore. Rischierei solo di esibirmi in un'impacciata recita di qualche verso ispirato a luoghi comuni come "Paolo continuerà a vivere nei corpi di chi riceverà i suoi organi". Preferisco un dignitoso silenzio. Risponderò solamente alle domande che mi verranno eventualmente poste; non voglio intromettermi in un momento così intimo.

Il medico entra nella stanza, guarda me, osserva i valori sulla scheda gialla dei parametri e poi guarda i familiari di Paolo. Li fissa per un istante. Nessuna parola.

Mi domando a chi saranno destinati gli organi. Sono passate quattro ore da quando il Centro Trapianti è stato informato dell'esistenza di questo donatore: mi attendo tra poco la telefonata. Proprio mentre sto pensando questo, squilla il telefono del reparto. Sento da lontano la voce di una collega che risponde ma non riesco a capire molto attraverso la porta chiusa della stanza che mi imprigiona; mi rendo solamente conto che all'altro capo della linea c'è il medico del Centro Trapianti.

Il cuore andrà a Verona, il fegato a Milano, i reni a Varese e i polmoni a Torino. Le équipe chirurgiche partiranno da queste città a breve, forse quella di Verona arriverà in elicottero, mentre tutte le altre in auto.

Mancano due ore al termine del periodo di osservazione. La prima cosa che mi viene in mente dopo aver sentito quali saranno le città di destinazione degli organi – tutte relativamente poco lontane – è che al più tardi fra tre ore la salma andrà in sala operatoria: in quel momento terminerà il mio compito e sarò finalmente libero. Questo pensiero egoistico, ma più che comprensibile, è stato rapidamente rimpiazzato nella mia testa dall'immagine dei visi di chi avrà ricevuto la tanto attesa telefonata che gli comunica la disponibilità dell'organo sano tanto desiderato. Minuti di gioia. Minuti di ferventi preparativi per correre in ospedale a ricevere il dono.

All'improvviso ho l'impressione che il tempo si sia fermato, sento la mia testa divenire sempre più pesante: provo la strana sensazione che questo sia l'ultimo giorno che passerò qui a lavorare. In pochi istanti questa strana, avvolgente aura svanisce e tutto sembra tornare alla normalità. Capirò.

In un momento di relativa stabilità dei parametri cardiaci e pressori della salma, decido di uscire dalla camera e di lasciare che la sofferenza si sfoghi nell'intimità familiare. Prima di lasciare quel palcoscenico, pronuncio a mezza voce l'invito a chiamarmi per qualsiasi necessità rivolto a quei genitori, nei cui occhi ho il terrore di vedere lo sguardo di mia madre e di mio padre.

La cefalea che temevo si facesse viva comincia a rivelarsi molto discretamente, ma so che si imporrà con arroganza entro breve.

Mi siedo alla scrivania dei monitor della sala infermieri e mi scopro a fissare lo schermo nel quale, in bianco e nero, viene inquadrato Paolo con i suoi cari che gli si stringono intorno: non riesco a trovare il giusto distacco.

Mentre osservo la sagoma immobile sul letto, mi chiedo se Paolo abbia fatto della sua vita ciò che voleva, ciò che sognava da bambino. Mi domando se abbia portato a termine ogni suo progetto senza temporeggiare inutilmente o se abbia perso tempo rimandando la realizzazione di un sogno per la paura dell'insuccesso. Mi chiedo se abbia sottratto del tempo prezioso alla sua vera crescita. Mi chiedo se sia stato pronto per la morte.

Io non credo che lo spegnersi della vita di un giovane abbia meno senso del morire di un vecchio; mi irrita sentire la ribellione di chi trova ingiusta la morte di un bambino. Chi siamo noi per distinguere una morte giusta da una ingiusta? Vogliamo forse obiettare al giudizio divino?

Quando il letto di morte accoglie un anziano, è facile sentir sussurrare nella penombra creata dalle luci discrete della camera ardente: "Ha vissuto la sua vita". Non credo che il valore di una vita si misuri nel numero di anni passati su questo mondo: se ci si guarda intorno si vedono molte vite non vissute, molti uomini che barcollano vuotamente nella loro esistenza per giorni, mesi, anni e decenni.

Auguro a Paolo di aver avuto la possibilità di mettere a frutto il poco tempo che gli è stato concesso e gli auguro di non essersi lasciato alle spalle dei rimorsi che possano ostacolargli il morire e che possano ostacolare la sopravvivenza di chi lo piange.

Decido di cercare un po' di distrazione e, alzandomi di scatto dalla sedia, chiedo alla mia collega Alessia, per tentare di alleviare quell'inspiegabile tensione che ci allontana, di poterla aiutare in qualcosa, approfittando di questo mio momento di inattività. Mi risponde stupita e infastidita allo stesso tempo. Mi chiede di iniziare la trasfusione di sangue del paziente al 4.

"Le sacche sono state già controllate dal medico?", le chiedo. "Non te l'avrei chiesto se non fossero già state viste!" risponde lei con un tono di voce che mi fa capire che qualche gentilezza non basterà a oliare gli ingranaggi del nostro rapporto.

Collego la prima sacca di sangue al deflussore che ne convoglierà il contenuto nel corpo bisognoso che l'attendeva. Faccio cominciare l'infusione e, dopo qualche minuto, mentre la mia mente non riesce a uscire dalla stanza di Paolo, improvvisamente riascolto le parole di Alessia che mi ha chiesto di occuparmi del "sangue del 4...".

Io l'ho messo al 5. Mi gela la fronte e, in un istante, si ricopre di fredde gocce di sudore. Quasi mi paralizzo e poi capisco che mi devo muovere, non devo perdere tempo: fermo l'infusione del sangue che si riversa nel paziente sbagliato, gli stacco la sacca senza mai perdere di vista il monitor che mi aspetto che da un momento all'altro cominci a suonare all'impazzata a causa dei primi segni di rigetto che attendo con orrore. Chiamo il medico mantenendo una compostezza forzata che non tradisca il mio vero stato d'animo e, mentre attendo che arrivi nella stanza per aiutarmi a rimediare al mio inammissibile sbaglio, confronto il gruppo sanguigno riportato sulla sacca del sangue infuso per errore con quello del malcapitato ricevente.

Stesso gruppo, stesso fattore Rh, tutto combacia: compatibilità perfetta. Per un pelo si è evitato l'omicidio. C'era una possibilità su cento che si verificasse questa coincidenza. Come potrei ora non credere nel destino?

Arriva il medico, gli racconto l'accaduto e, leggendo nei suoi occhi lo stesso stupore che mi aspetterei di vedere negli occhi di chi scopre di aver vinto al lotto, preparo una dose di cortisone che sicuramente mi dirà di somministrare al 5 per precauzione.

Racconto tutto anche ad Alessia; non posso evitarlo. Da oggi sicuramente il nostro rapporto sarà irrecuperabile. Me lo merito. Resterà tutto tra me, il medico e Alessia. Le conseguenze disciplinari sarebbero gravi.

Rimango ammutolito per cinque minuti. Chiunque mi incontra, vedendomi pallido e sudato, mi chiede spiegazioni. Non rispondo ma con gli occhi indico la stanza di Paolo. Gli devo un favore.

È la prima volta che mi capita di commettere un errore così grave, è la prima volta che ho davvero rischiato di ammazzare qualcuno. Per un istante ho immaginato, in prima pagina su tutti i giornali, la mia fotografia schiacciata da un titolo in cui l'unica parola che riuscivo a mettere a fuoco era *assassino*.

Ripenso a tutte le persone che, in questi anni, ho visto morire per errore o distrazione e purtroppo non riesco a non riflettere anche su quelle che sono morte per pigrizia, superficialità e arroganza.

Ho visto morire persone che sarebbero dovute essere vive se qualcuno non avesse incarnato la volontà del fato e ho visto, cosa non meno grave, vivere persone che sarebbero dovute essere morte. Se questa vita è una lezione da imparare, non posso che rendermi conto che la lezione che è capitata a me – o che mi sono scelto – è davvero una delle più difficili e, di questo, mi sento davvero onorato.

Rientro nella stanza di Paolo e, questa volta, entrando trovo rifugio. Avvicinandomi al tubo che scompare nella bocca del cadavere, trovo il coraggio di accarezzare la spalla della sua mamma. È quella che sembra aver più bisogno di sostegno anche se so che il dolore non è certo minore in chi riesce a celarlo meglio.

Sembra che quella signora distrutta abbia apprezzato il mio gesto e che il calore artificiale del mio contatto l'abbia fatta sentire meno sola. Probabilmente l'aver ricevuto un segno d'affetto da un *addetto ai lavori* ha restituito alla morte un po' di quella dignità che sembrava essere svanita a causa del mio modo tecnico e distaccato di interferire con quel corpo ormai flaccido. Immagino anche che, essendo io la persona vestita di blu più spesso presente in questa stanza, possa essere stato identificato come il simbolo o il rappresentante di quei carnefici che, accompagnati dal suono assordante di una sirena, stavano correndo verso Paolo ansiosi di smembrarlo.

Manca solo un'ora al termine del periodo di osservazione di morte e spero solo poco di più al momento in cui la sala operatoria sarà pronta a ricevere il donatore. Non vedo l'ora di andare a casa. Mi sono bruciato così l'unico giorno di riposo che avevo questa settimana. Se potessi scegliere, non darei più la reperibilità per il prelievo d'organi: quei quattro soldi in più non valgono neppure la metà dello sforzo mentale ed emotivo a cui sono sottoposto.

Il monitor di Paolo inizia a suonare. Lampeggia in rosso la curva della pressione arteriosa che si sta appiattendo. La pressione è troppo bassa: bisogna far qualcosa. Richiamato dal suono dell'allarme, si materializza il medico che dopo un attimo di immobile riflessione, dopo aver studiato il foglio giallo dei parametri e dopo avermi chiesto quanto fosse la pressione venosa centrale, decide di cominciare con l'infusione continua di noradrenalina: l'ultima spiaggia. So che per lui è stata sicuramente una scelta difficile perché i cardiochirurghi che preleveranno il cuore non vogliono che l'organo sia sostenuto da quel farmaco che ne rende più difficile la conservazione.

Non ne posso più. Sembra che il tempo si sia dilatato a tal punto che ho l'impressione di aver già trascorso dodici ore dal primo momento in cui ho visto il volto senza espressione di Paolo. L'errore della sacca di sangue mi ha tolto minuti preziosi di vita e ha reso questa mia terrificante giornata ancor peggiore. Vorrei aver già dimenticato tutto.

Sta scadendo la sesta e ultima ora dell'osservazione. Raggiungono la stanza i tecnici che eseguiranno l'ultimo elettroencefalogramma, il neurologo e il medico referente aziendale per i prelievi d'organo. Comincia l'ultimo esame.

Il medico accompagna fuori dalla stanza i genitori e la fidanzata di Paolo; spiega loro che ci si appresta a eseguire l'ultimo esame, l'ultima formalità. Si legge negli occhi di quei disperati che nutrono ancora una speranza. Si augurano di sentir gridare al miracolo. Illusi.

Passano venti minuti in cui non è possibile toccare il letto e neppure camminare nella stanza per evitare le interferenze con il sensibilissimo strumento che scruta nell'attività elettrica del cervello al fine di scovarne qualche seppur flebile segnale. Siamo alla fine. Il tracciato è completamente piatto e il neurologo lo referta in tempo reale. È finita. Ora non resta altro che attendere che la sala operatoria chiami avvisando di essere pronta e chiedendo di portare il donatore.

Gli infermieri della sala sono già pronti. Stanno attendendo che arrivino i chirurghi con i loro bisturi affilatissimi e con l'insana voglia di usarli per smembrare un giovane. Chissà se pensano che potrebbe essere loro figlio oppure si lasciano dominare, senza porsi domande scomode, dall'adrenalina che, in circolo nelle loro vene, contribuisce al rigonfiamento del loro ego.

Il telefono suona prima del previsto. Alessia risponde e, riattaccata la cornetta, viene da me e mi dice, con un inaspettato tono quasi materno, che la sala è pronta. Mi ha spiazzato: mi sarei immaginato un rancoroso tono di sfida.

Ci aspettano. Musica per le mie orecchie.

Preparo il respiratore portatile e monto sul letto il monitor, il cui suono ritmico, che rappresenta il battito cardiaco, accompagnerà i nostri passi fuori dal reparto. Stacco le pompe d'infusione dai supporti della stanza e le appoggio sul letto augurandomi che la batteria interna sia sufficiente per il tempo che impiegheremo ad arrivare in sala operatoria.

I parenti sono fuori dal reparto e attendono di vedere il loro caro per l'ultima volta mentre esce nel peggiore dei modi possibili dalla porta della Rianimazione per poi scomparire definitivamente dietro la fredda scritta BLOCCO OPERATORIO – VIETATO L'ACCESSO AL PERSONALE NON AUTORIZZATO.

Tutto pronto. Io e il medico spingeremo il letto fino alla sua destinazione finale. Sembra pesantissimo: sarà il peso della morte. Prendo lo zaino in cui c'è tutto il necessario per affrontare una possibile urgenza e mi preparo al momento peggiore della giornata: il bagno di folla disperata e in lacrime che da ore si trova sul pianerottolo in attesa di salutare Paolo, il cui cuore si sta esibendo nei suoi ultimi battiti imposti dalla medicina.

All'apertura della porta mi sento investito da una quantità di dolore insopportabile; dolore che non è neppure soffocato ma che si esprime in tutta la sua violenza. Pianti, lacrime, qualche grido disperato. Vedo una pioggia di mani che si avvicendano nel toccare la fronte del ragazzo come se fosse una reliquia. Faccio fisicamente fatica a far avanzare il letto attraverso quella folla. Non riesco a trattenermi dal piangere, anche se ciò non si addice al ruolo che rivesto in questo momento. Io non sono un ruolo, sono un essere umano.

Finalmente raggiungiamo la sala operatoria e, una volta che si sono chiuse le porte alle nostre spalle, mi sento libero. So che uscendo non troverò più nessuno, o almeno lo spero.

Aiuto i colleghi a posizionare il corpo sul tavolo operatorio, li aiuto a collegarlo al respiratore e al monitor e poi raccolgo, appoggiandolo sul letto, tutto il materiale da riportare in reparto. Non ho voglia di scherzare come al solito e neppure di parlare con i ragazzi della sala. Sto piangendo e mi vergogno. Non voglio che mi vedano, ma non posso evitarlo. Vorrei svanire.

Prima di uscire dalla porta del blocco operatorio, quella porta che prima mi ha salvato proteggendomi dai parenti in lacrime che mi inseguivano, cerco di vedere se fuori è rimasto qualcuno. Attraverso un piccolo taglio che si trova sulla copertura in plastica verde posta sull'oblò dell'ingresso, ispeziono l'atrio alla ricerca delle lacrime nelle quali non voglio più imbattermi. Rischierei di annegare.

La via è libera. L'atrio è vuoto.

Sapendo che il prelievo degli organi dura diverse ore, immagino siano andati tutti via. Se qualcuno rimanesse fuori da questa porta fino alla fine sarebbe condannato a vederne uscire i diversi organi di Paolo contenuti nei colorati frigoriferi portatili. Gli stessi frigoriferi la cui vista rallegrerà i parenti dei riceventi che probabilmente sono già seduti fuori dalle sale operatorie che si stanno preparando per impiantare quei doni. Riporto il letto ormai vuoto nel mio reparto. Chi sarà il prossimo ad averne bisogno? Ripenso alla strana sensazione che ho provato qualche ora fa: la sensazione che per me questo sia stato l'ultimo giorno di lavoro. Capirò.

Lascio alle spalle questa giornata, scendo le scale velocemente verso lo spogliatoio dove mi attendono i miei abiti e le mie scarpe comode, quelle che indosserò per scappare da qui.

Passo davanti al reparto Maternità, sento in lontananza i pianti dei bambini. Questo suono mi aiuta a dare a questa giornata un significato diverso da quello che fino a questo momento si è imposto ai miei occhi. Questi sono pianti di gioia, di speranza, di commozione. Per una persona che oggi è morta, altre sono nate e si affacciano a questo mondo duro per la prima volta e alcune, altrove, rinascono grazie a un nuovo organo.

Incrocio sui miei passi molti colleghi e altre persone che lavorano qui in ospedale. Mi piace salutare tutti con un sorriso e scambiare sempre qualche battuta. Mi piace sentirmi parte di un sistema, un piccolo ingranaggio di un meccanismo imperfetto.

Oggi il mio saluto è diverso. Gli occhi rossi e umidi non rendono il mio sorriso credibile.

Il cielo si sta rannuvolando, sulla strada verso casa il traffico non è molto. All'improvviso mi sorpassa come una freccia un motociclista.

Addio Paolo.

IN BIANCO E NERO NEL RETROVISORE

L'amore

Giulio riaprì gli occhi. Si risvegliò. Era provato dall'intervento che aveva subito, ma ne stava uscendo bene. Io gli stavo cambiando la flebo sperando di non interrompere il suo sonno, ma non ci riuscii.

Si era instaurato un rapporto di tenera confidenza e mi sentivo investito dal suo amore ogni volta che mi rivolgeva la parola. Si rivolse nuovamente a me regalandomi ancora un po' della sua saggezza. Parlò con voce un po' tremolante.

"Che cos'è l'amore? È questa la domanda a cui bisogna dare risposta prima di potere capire se e come esso faccia parte della nostra vita. Il numero di quelli che sanno dare una definizione davvero consapevole dell'amore alla tua tenera età si può sicuramente contare sulle dita di una mano. Tu te ne sei fatto un'idea?

L'amore è un artificio mentale! Non fraintendere subito! Quante volte capita di credersi innamorati e poi si scopre che non lo si è affatto? Come si fa a distinguere il vero amore da una sbandata, da una cotta, dalla passione o dalla semplice soddisfazione di un bisogno della mente? Non è facile. Come si fa a capire se il sentimento che muove una persona è vero e profondo o se è dato da un'utilità momentanea? Come si può essere certi che quando si ama, si ama il partner e non noi stessi? Ma hai la benché minima idea di quanti fattori influenzino i nostri sentimenti? Ci sono fattori genetici, fattori ambientali, fattori sociali, esperienze passate, traumi… È impossibile dare una definizione univoca dell'amore. Credo sia assolutamente necessario che ogni persona ne dia una propria.

Guardandomi intorno, ho sempre più spesso l'impressione – e spero di sbagliarmi – di vivere in un mondo di luoghi comuni dove nessuno si interroga su ciò che si sta facendo e perché; in un mondo in cui sembra essere prescritto il comportamento modello e in cui si è tanto più accettati quanto più a esso ci si conforma, quanto più ci si lascia trascinare nello scarico senza affannarsi per nuotare contro corrente dal momento in cui qualcun altro ha tirato lo sciacquone. Sembra che questa osservazione possa calzare poco con l'argomento del sentimento ma, probabilmente, purtroppo non è così!

Emotivamente che cosa si prova quando si è innamorati? Le cosiddette 'farfalle nello stomaco'? Il pensiero continuo dell'amata? La totale dedizione e il completo condizionamento? Sicuramente ci sono anche questi aspetti emotivi, ma non credo che bastino per riconoscere il vero amore. Il vero amore – e questa è la mia personale opinione – è anche ragione e razionalità, è quello che ci offre tutto ciò che abbiamo sempre cercato e che ce lo offre spontaneamente. Il vero amore è quello che può durare tutta la vita, è quello che farà crescere dei figli in un ambiente armonioso. L'amore vero è fatica, è impegno, è sacrificio.

Per semplificare e schematizzare un po' il discorso, prendiamo in considerazione solo lo stereotipo dell'amore socialmente riconosciuto, cioè quello che sfocia in un matrimonio. Teoricamente il matrimonio è un'istituzione che sancisce di fronte alla società e a Dio l'unione di due persone. Quali sono quindi le vere ragioni per cui si va all'altare o, di questi tempi sempre più spesso, negli uffici comunali? Se i conti tornassero, la risposta sarebbe una sola e sarebbe l'amore. Peccato che non sia così.

Provo a elencare una serie di motivi *tecnici* per cui ci si sposa e per cui si resta insieme: il bisogno naturale di procreare in una cornice socialmente accettata, la noia, l'inerzia, la paura della solitudine, il bisogno dell'accettazione sociale, la gratificazione dei genitori, la tradizione, il bisogno di cambiare vita, di crescere, di spiccare il volo dal nido. Vogliamo dirla tutta? Anche i soldi giocano un ruolo fondamentale: pensa alle coppie che si sono imbarcate in un mutuo, pensa a quante persone grazie al matrimonio sistemano i loro problemi economici! Non è allora legittimo almeno chiedersi se l'unione si fondi sempre sul puro sentimento o se si possa talvolta avvertire un retrogusto di tornaconto economico?

Cesare Pavese diceva che 'Nessuna donna farebbe un matrimonio di interesse: prima di sposare un miliardario se ne innamora!'.

Queste motivazioni – siano esse percepite a livello conscio o, molto più spesso, relegate a un muto inconscio – esistono e sono sempre state motore della vita sociale. Pensiamo solo alla generazione dei tuoi genitori, ai nati degli anni Cinquanta: i matrimoni erano molto più numerosi rispetto a quelli dei tuoi coetanei. Perché? Si amava forse di più? Forse. Ma molto più probabilmente perché non c'era la libertà di scelta che c'è oggi.

La chiave della felicità è la consapevolezza. Suona veramente triste, ma anche in amore è obbligatorio domandarsi sempre il perché di ogni cosa. Che cosa c'è dietro, e soprattutto dentro! Dopo tutti questi discorsi che sfiorano – solo apparentemente – il cinismo, sarebbe legittimo sospettare che io sia stato un solitario tutta la vita, uno che vede il mondo in maniera così fredda da non aver bisogno dell'amore, del sentimento, della famiglia, ma non è vero.

Ho cercato e cerco ancora costantemente l'amore, lo cerco in tutte le persone che incontro e, tra queste, ne ho scelta una. Quella che fu mia moglie. Una donna fantastica, che racchiudeva in sé tantissime qualità e ognuna di esse era complementare a una mia. Era una ragazza dolce, buona – davvero – ma anche lei aveva i suoi difetti. Li ho sempre amati tutti anche se spesso sono inciampato e ho creduto di non capirli ma in realtà li adoravo; se non li avesse avuti... non sarebbe stata lei. Era semplicemente Anna. Era semplicemente l'unica donna che avrebbe potuto mettere al mondo e crescere i miei figli.

L'amore che ho provato per decenni, credo sia stato un amore maturo fatto di stima, progetti, affinità, razionalità (dalla quale purtroppo non sono mai riuscito a liberarmi) ma soprattutto di crescita e libertà.

Quante coppie stanno in piedi in una patologica e reciproca frustrazione? Una volta, i primi tempi che uscivamo insieme, avevo detto ad Anna che non volevo 'frustrarmi in lei' e non volevo che lei 'si frustrasse in me'. Il rapporto sano è quello in cui ognuno vive la propria vita e le proprie esperienze e ne condivide i significati, la morale e la gioia che da esse scaturisce con il partner. È impossibile che entrambi i membri della coppia debbano seguire forzatamente uno stesso cammino di vita. Certo, ci sono delle esperienze che, proprio per la loro natura, sono tipicamente di coppia, come la vita comune, il crescere i figli... l'importante è evitare di annullarsi a favore delle sole esperienze comuni, ma valorizzare anche le proprie, ponderando per ciascuna di esse i sacrifici che comportano.

Non è egoismo e, se anche lo fosse, non ci sarebbe nulla di male, perché è quello che muove l'uomo in ogni sua scelta (o quasi). Basta esserne consapevoli e riuscire a leggere i sentimenti e le azioni in una chiave completa, che riesca a scindere in essi la componente che li muove dall'effetto che producono.

Riconosco che questi concetti possano apparire un po' contorti. Che cos'è l'amore? Come funziona? Anzi, come possiamo farlo funzionare? Domande, domande, domande… cerca una tua risposta prima che sia tardi!

Cerca il libro *Il profeta* di Kahlil Gibran e cerca i versi sull'amore. È la sintesi del mio pensiero racchiusa in poche righe."

Mi rispecchiavo nelle sue parole. Mi sembrava di ricevere la conferma che il mio modo di pensare era giusto. Ho ascoltato il consiglio di Giulio e ho recuperato i versi che mi aveva consigliato. Eccoli.

"Amatevi reciprocamente ma non fate dell'amore un laccio.
Lasciate piuttosto che vi sia un mare in moto tra le sponde delle vostre anime.
Riempia ognuno la coppa dell'altro, ma non bevete da una coppa sola.
Scambiatevi il pane, ma non mangiate dalla stessa pagnotta.
Cantate e danzate e siate gioiosi insieme, ma che ognuno di voi resti solo,
Così come le corde di un liuto son sole benché vibrino della stessa musica.
Datevi il cuore, ma l'uno non sia in custodia dell'altro,
Poiché soltanto la mano della Vita può contenere entrambi i cuori.

E restate uniti, benché non troppo vicini insieme:
poiché le colonne del tempio restano tra loro distanti,
E la quercia e il cipresso non crescono l'una all'ombra
dell'altro."

OGGI

Incontro Giulio andando a casa dopo una giornata di lavoro. È seduto su una panchina fuori dal Pronto Soccorso dell'ospedale. È ancora vivo! Che bella sensazione vederlo a distanza di così tanto tempo.

È in attesa che sua figlia venga a prenderlo in auto dopo la visita di controllo. Da lontano lo vedo assorto mentre armeggia con dei fogli; immagino siano documenti sanitari. Mi avvicino a lui a passo spedito con il sorriso tipico di chi ritrova un vecchio compagno di scuola dopo anni. Il mio è un sorriso del viso e dell'anima: sono contento di vederlo perché dopo tutto il tempo trascorso dall'ultima volta che conversammo, ricordando il brutto tumore che l'aveva colpito, ero quasi certo che fosse morto.

"Giulio! Buongiorno! Come sta? La vedo bene!".

Lui mi riconosce subito e, con un sorriso impacciato, come se fosse stato scoperto mentre faceva qualcosa di male, nasconde le carte che stava guardando sotto una pila di documenti dell'ospedale. Nel fare ciò, gli cade dalle mani una fotografia visibilmente ingiallita dal tempo. La raccolgo e, mentre gliela sto porgendo, non posso evitare che il mio sguardo curioso si posi su di essa. È una fotografia in bianco e nero; una foto di un ragazzo sulla trentina. Qualcosa ha fatto sì che il mio sguardo si posasse su di lui. Lo osservo con particolare attenzione. Riconosco mio nonno. Ambrogio.

Si conoscevano. Gli domando, forse in modo un po' invadente, qualche delucidazione sulla fotografia che il destino mi ha fatto capitare tra le mani. Gli chiedo come mai abbia con sé quella foto e gli dico che quel ragazzo è mio nonno.

"Era il mio migliore amico", risponde con la voce che gli trema. Ho avuto l'impressione che volesse abbracciarmi.

Arriva la figlia in auto, gli apro la portiera, lui sale e mi saluta con sguardo complice come se mi conoscesse da sempre. Guardo la macchina che si allontana.

Qualcosa è accaduto. Ora capisco che qualcosa ci legava realmente. Chi l'avrebbe mai detto? E ancora una volta non mi sento che un piccolissimo puntino in un universo che pulsa all'unisono.

Non lo vedrò più.

*Prevedere il futuro non è che il calcolo di n variabili.
Tante più ne consideri, tanto più precisa sarà la previsione.*

" *... ogni giorno che si vive è una sorpresa che il destino ci
riserva.* "

TUTTO NERO

Apro gli occhi lentamente. Dalla fessura tra le palpebre si insinua progressivamente dentro me il mondo esterno. Ritrovo tutti i suoni del mio reparto: gli allarmi dei monitor e delle pompe d'infusione, il vociare di tutti i miei colleghi e i lamenti di qualche paziente.

Vedo la luce artificiale che illumina la stanza. Il neon acceso m'infastidisce. Sento ovattata la voce del primario che si sta consultando con i medici del reparto e con i neurochirurghi sulle decisioni da prendere riguardo a un'emorragia cerebrale post traumatica. Stanno parlando della vittima di un incidente stradale, ma mi sfuggono i particolari della conversazione. Da come ne discutono, intuisco che si tratta di un giovane.

Regna un'atmosfera strana, non la riconosco. L'aria che mi circonda e che respiro non è la solita di quando sono al lavoro: ha un odore diverso, una consistenza nuova.

Ho l'impressione di non riuscire a muovermi. Non capisco. Mi sento confuso, disorientato; so che sono qui per lavorare ma non riesco neppure a mettere a fuoco che cosa debba fare. Nessuno mi sta dicendo da che pazienti devo andare e cosa devo fare. Mi sento invisibile. Che mi sta succedendo?

Il mondo si dissolve nuovamente dietro le mie palpebre che vedo chiudersi lentamente senza poterle fermare. Tutto quello che stavo vedendo viene sostituito da un sipario nero. Sento tutti i suoni allontanarsi da me fino a scomparire. È una sensazione orribile. Mi sto forse sentendo male? Faccio un'immensa fatica a organizzare un pensiero seppur semplice.

Mi starò ammalando? Per fortuna tutto ciò mi sta accadendo mentre mi trovo qui: di qualsiasi cosa si tratti, sono nel posto giusto. Questo pensiero placa almeno in parte quella strana ansia che sento prendere il sopravvento, ma non mi aiuta a capire. Non voglio mettermi in malattia: sarebbe la prima volta da quando lavoro.

Progressivamente mi rendo conto che l'ambiente intorno a me si sta spegnendo: è una sensazione molto simile a quella che provo quando mi addormento sopraffatto dalla stanchezza.

"Andrea!" mi sento chiamare.

"Andrea!" la voce decisa del mio collega Sandro mi riconnette con il mondo. Quel suono, come sempre, mi tranquillizza.

"Ecco che finalmente qualcuno mi dice quali pazienti prendere in cura" penso mentre, provando uno strano senso di ebbrezza, vedo il sipario nero dei miei occhi aprirsi di nuovo lentamente sul palco alla realtà.

Cerco di focalizzare l'attenzione sul mio corpo. Ho l'impressione di avere più freddo del solito. È strano perché qui la temperatura dell'ambiente non è mai inferiore ai ventisei gradi. Avrò preso una divisa particolarmente consumata e leggera. Nuovamente mi sorprende la sensazione di impotente immobilità provata già qualche attimo fa.

"Andrea, guardami! Apri gli occhi!" Sandro cerca di comunicare con me.

Meno male che qualcuno mi riallaccerà alla realtà. Nell'ambiente che mi circonda continuano a risuonare ossessivamente gli allarmi; li percepisco come se echeggiassero da lontano. Ora non sento più il solito vociare. Oggi la voglia di lavorare proprio mi manca completamente. Cerco, forzando la memoria, di ricordare come mi sentivo stamattina mentre guidavo verso l'ospedale: sto vivendo una sensazione strana che sembra improvvisamente essersi impossessata del mio corpo e della mia mente. Qualche avvisaglia l'avrò pure notata. Non ricordo nulla: mi sono materializzato qui.

Un pizzicotto sul bicipite mi provoca dolore. Ora mi sto proprio incazzando. Chi è stato? Chi mi sta prendendo per il culo approfittando di questa mia strana e insolita debolezza? È stato Sandro: riconosco la sua slanciata silhouette di fronte a me. Mi rendo conto di aver mostrato una smorfia di dolore. Quel pizzicotto mi ha fatto nuovamente riaprire gli occhi.

Cerco di parlare a Sandro che, ora più che mai, sento come un fratello maggiore: ora mi rendo conto di aver bisogno di lui senza neppure aver messo a fuoco il perché.

Le parole che vorrei pronunciare si inceppano in bocca, non riescono a uscire dalla mia mente e mi abbandonano nel tentativo di comunicare con la sagoma nera che vedo di fronte a me. Non riesco a parlare. Sono muto. Ho un tubo in bocca: è per questo che non riesco a emettere alcun suono. In un breve e saltuario momento di lucidità, mi scopro in uno dei letti del mio reparto. Davanti a me vedo il soffitto. Sono il 3. Ora ho capito. Mi rendo conto di essere stato ricoverato: sto vivendo uno dei peggiori incubi che si potessero realizzare. Spero di svegliarmi presto nel letto di casa mia. Ho paura che non accadrà.

Non so che cosa sia successo, non ricordo nulla. Deve trattarsi di qualcosa di grave. Mi agito. Ecco di che cosa parlavano i medici! Sono io il paziente dell'incidente stradale. Che è successo? Che problemi ho?

Spero di poter essere annoverato tra quei pochi malati che escono da qui con le loro gambe. Se mi trovo in Rianimazione la statistica non è dalla mia parte. Mi rendo conto di essere l'attore principale della tragedia, ma non la sto vivendo con l'angoscia, la paura e l'orrore che mi sarei aspettato. Mi sento quasi uno spettatore di me stesso. Perché non sto impazzendo?

Probabilmente sono sedato. Cerco di trovare con lo sguardo la flebo di sedativo nel limitato campo visivo che mi è concesso dalla mia statica posizione supina. Vedo qualcosa ma è sfocato: noto una sacca di liquido bianco, sembra latte. Quello è il sedativo che tante volte ho preparato io stesso per qualcuno del quale poco mi importava; ora lo vedo riversarsi nelle mie vene attraverso qualche accesso che neppure riesco a localizzare né a percepire. Immagino di essere trafitto in diverse parti del corpo: probabilmente avrò almeno tre accessi venosi, magari un catetere venoso centrale, sicuramente uno arterioso, il catetere vescicale e il tubo in trachea: il mio invasore più fastidioso.

Ogni volta che cerco invano di parlare non faccio che far suonare l'allarme di pressione del ventilatore polmonare che respira al posto mio: quell'allarme è la mia unica incomprensibile voce. Il mio collegamento con la realtà è vago e instabile. Si succedono rapidamente quelli che interpreto come momenti di lucidità ad altri in cui ho l'impressione di fluttuare in una sorta di sonno.

Non provo dolore fisico ma solo disagio per l'impotenza e l'immobilità obbligata. Nella mia mente si affollano mille pensieri che sfrecciano scoordinati, interrotti solo dal buio dell'incoscienza o dalla ricerca di qualcuno che mi possa aiutare o, almeno, spiegare cosa ci faccio qui.

Riappare la sagoma di Sandro. Stavolta riesco a vederlo anche in viso. Vedo la sua mano che si avvicina alla pompa che regola la velocità di infusione del sedativo; mi rendo conto che la sta spegnendo. Dovrei svegliarmi completamente entro pochi minuti.

Riemergo dall'ebbrezza; progressivamente tutto mi appare più chiaro. I miei occhi riescono a mettere a fuoco le immagini che sfilano davanti a loro e le mie orecchie distinguono i suoni sempre più finemente. Rimane solo il problema della voce annullata dalla presenza di quel maledetto tubo che non lascia vibrare le corde vocali.

Sandro mi prende la mano e, prima che inizi ad agitarmi mi ordina compassionevole di non aver paura. Lo fisso e aspetto la sentenza. Accanto al mio collega si materializza anche Giulia, la dottoressa. Mi spiegano che ho subito un grave incidente d'auto e che ho riportato varie fratture ossee, diverse contusioni polmonari e, quel che è peggio, un brutto trauma cranico al quale è seguita un'emorragia cerebrale. L'incidente è avvenuto già da tre settimane: mi sveglio solo ora senza aver potuto evitare che questo lungo tempo di vita mi fosse sottratto.

Cerco di chiedere, attraverso i muti movimenti della bocca e i troppo rumorosi suoni emessi dal respiratore, quali possano essere le mie speranze ma, forse perché la domanda non è particolarmente semplice per essere formulata senza l'ausilio della voce, forse perché è una domanda scomoda, non riesco ad avere risposta.

All'improvviso mi sono sovvenuti contemporaneamente tutti gli episodi in cui la stessa domanda è stata rivolta a me dai disperati che di volta in volta mi giacevano di fronte in questi letti e ho capito che il problema non è la comunicazione. L'omissione della risposta per me è ben interpretabile. Non sono fuori pericolo.

Non riesco a decifrare l'espressione dei visi di queste due persone che stanno cercando, a loro modo, di farmi stare meglio; sembra che siano tesi ma fiduciosi al tempo stesso, o almeno è quello che scelgo di capire. Sono sempre più padrone del mio pensiero perché il farmaco che mi teneva lontano dalla realtà si sta smaltendo rapidamente.

Provo a verificare se sono anche padrone del mio corpo. Non riesco ancora a muovere le gambe e le braccia non rispondono. Sento stringere i polsi: sono legati alle sponde del letto. È una sensazione orribile. Obbedisco agli ordini di Sandro e Giulia aprendo e chiudendo gli occhi a comando, mostro la lingua e muovo le dita delle mani quando mi viene chiesto. Credo che l'esame stia andando bene.

Vedo Sandro che si avvicina al mio viso e mi acceca, con la luce diretta di una torcia, prima l'occhio destro e poi il sinistro: le pupille hanno dimostrato una buona risposta allo stimolo luminoso. Espletata la formalità dell'esame neurologico, cominciano a sfilare davanti a me tutti i miei colleghi e i medici in turno.

Ognuno mi regala uno sguardo colmo di compassione, al quale affianca qualche forzata e goffa parola di conforto. Non credo a nulla di quello che mi viene detto da tutti questi camici bianchi e divise azzurre che mi danzano attorno approfittando della sospensione della sedazione: rivedo nei loro comportamenti e nei loro gesti freddamente controllati l'esatta proiezione del medesimo atteggiamento che avevo io nei confronti dei pazienti più sfortunati. Avverto in tutti grande imbarazzo ma non stupore né concitazione. Ho l'impressione di non essere una novità qui dentro: tutti sono abituati a me e alla mia fastidiosa presenza da tre settimane. Io, invece, non sono abituato a nulla di questa mia nuova condizione di disperato.

Terminata la passerella dei "Bentornato alla realtà" mi ritrovo solo nella stanza, fissando il soffitto grigio e cercando di sbirciare sul monitor dei parametri, che si trova alla sinistra del letto, la mia pressione, ma non riesco a metterla bene a fuoco.

Ora non ci sono più distrazioni per la mia mente: nulla che impedisca al pensiero di viaggiare lontano da qui.

Fino a questo momento ho pensato solo a me: ho cercato senza successo di capire che ne sarà del mio corpo, se guarirò, se tornerà tutto come prima, se camminerò, se morirò. Nessuna risposta chiara. È la cosa peggiore: non so pressoché nulla e già inizio a odiare questo posto che nasconde il mio destino, che non vuole dirmi nulla per non rischiare di sbagliare, per non illudermi o perché quello che dovrebbe dirmi è un macigno troppo pesante da sopportare in questo mio debole stato fisico.

Io invece voglio sapere, ma qui quello che voglio io non importa a molti.

Come con un balzo, il mio pensiero sfonda queste mura ed esce prepotentemente dall'ospedale. Nel cervello prende forma l'immagine dei miei genitori: li immagino in lacrime abbracciati tra loro. Impotenti. Mi sento di aver fatto loro un torto, di averli feriti. Mi rendo conto che sto infliggendo loro uno dei peggiori dolori che si potrebbero immaginare. Mi vorrei punire. Spero solo di non essere qui per colpa mia – nessuno mi ha detto qualcosa riguardo alla dinamica dell'incidente – spero che mi sia venuto addosso qualche ubriaco: non voglio anche la responsabilità della tragedia.

Voglio essere una vittima e non un carnefice.

Non voglio essere uno di quei giovani tanto lodati il giorno dopo la loro morte sulle prime pagine dei giornali locali. Devo rassegnarmi a non sapere.

Voglio mettermi in contatto con i miei genitori, ma so di non poterlo fare. Mi angoscio. Non mi rendo conto di che ore siano, quindi non so neppure quanto manchi all'orario delle visite. Chi vedrò fuori dall'oblò? Chi verrà ad accarezzarmi in lacrime?

Credo solo che sia mattina.

Chissà come hanno trascorso queste tre inconsapevoli settimane le persone che mi amano e che anch'io amo? Ho paura che mia madre sia morta di crepacuore. Anche se fosse, so che nessuno me lo direbbe.

L'angoscia aumenta. Comincio a tremare.

Ho paura di morire. Penso alla mia ragazza. L'amo; quanti progetti avevo per noi! Non li potrò più realizzare. Volevo una famiglia tutta mia.

Ripenso alla mia vita. Ho fatto tutto quello che potevo. Di rimpianti ne ho pochi. Ripenso alla mia adolescenza. Appare sul mio viso un sorriso incoerente. Non sarà forse questo lo scorrimento dei fotogrammi della propria esistenza cui si dice abbiano assistito coloro che hanno vissuto esperienze di pre-morte?

Mi agito sempre di più. Non riesco a muovere le gambe, ma le braccia riesco a scuoterle per quel poco che mi è concesso dalla stretta contenzione dei polsi. Hanno paura che mi strappi il tubo. Sono dall'altra parte della barricata.

Mi scopro a elemosinare la vita che ho sempre dato troppo per scontata. Sudo tantissimo, mi sento il cuore in gola. In meno che non si dica, nella mia stanza comincia un concerto di allarmi: il respiratore avvisa che sto iperventilando, suonano contemporaneamente sia gli allarmi della pressione arteriosa sia quelli della frequenza cardiaca. Suonano per me: sono suoni che assumono toni completamente diversi da quelli a cui ero abituato quando rompevano il silenzio per qualcun altro. Cerco di ribellarmi a questo stato di prigionia ma so che non posso. Devo rassegnarmi. Non devo sprecare inutilmente le energie. Ho sempre pensato che il futuro fosse in gran parte prevedibile ma ora capisco che ogni giorno che si vive è una sorpresa che il destino ci riserva.

Voglio salutare mia madre e mio padre. Voglio ringraziarli per tutto quello che hanno fatto per me. Voglio dir loro di stare tranquilli e di continuare la loro vita insieme serenamente. Voglio asciugare le lacrime dai loro occhi. Voglio che si prendano cura della mia ragazza. Voglio tornare indietro. Non posso.

Sono sempre più agitato. Cerco di alzarmi sollevando il busto dal letto con quella poca forza che mi è rimasta. Non vedo arrivare nessuno. So che il primo camice azzurro che comparirà sulla soglia della porta porterà con sé anche il sollievo di una dose di sedativo. Mi ricordo ancora come funziona qui. Voglio tornare nel limbo di ebbrezza in cui fluttuavo fino a poco fa.

Compare Sandro. Mi accarezza la fronte con la mano sinistra mentre con la destra vedo che raggiunge la pompa della sedazione. La accende mentre mi guarda dritto negli occhi. Scorgo una lacrima sul suo viso.

Ho ancora a disposizione meno di un minuto di lucidità.

Mi domando che senso abbiano avuto il primo bacio, il primo amore, la prima fidanzata… In questo momento un senso non lo riesco a trovare ma so che ci deve essere! Ho paura di scoprirlo perché significherebbe morire.

Progressivamente sento tutti i muscoli del mio corpo che si rilassano. Sta iniziando a fare effetto il farmaco che ha ripreso a circolare nelle mie vene.

Mentre mi rendo conto che la sensazione di capogiro e di leggero fluttuare nello spazio sta prendendo il possesso di me, mi torna in mente la promessa scambiata con i miei genitori di scriverci a vicenda una lettera da aprirsi solamente dopo la morte. Non ho mantenuto quella promessa: non ho fatto in tempo a scriverla perché il destino mi ha sorpreso impreparato. Non mi aspettavo che si sarebbe rivelato tanto presto, né che sarei stato io il primo dei tre a dovermene andare.

Questo è il rimorso più grosso che mi si para davanti come un muro insormontabile. È una ferita destinata a non rimarginarsi.

È una lettera che rimarrà nella mia testa.

Se solo potessi rendere materiale semplicemente con la forza della mia mente, ora inaspettatamente più attiva e viva che mai, un'immagine di quella lettera che il tempo non mi ha permesso di stendere! Se solo potessi trasmettere con il pensiero le parole che avrei voluto scrivere a chi avrebbe voluto e dovuto leggerle, potrei dare un senso a tutta la mia vita. Sarebbe bastato davvero poco.

Quante cose capisco ora che è tardi, quante cose vedo sotto una luce nuova e angosciante! È orribile rendersi conto di non poter più interagire con il mondo e con voi.

Il lavoro che per anni ho fatto, forse proprio per prepararmi a questo momento, non è servito a nulla. Sono sempre stato uno spettatore privilegiato della soglia tra il mondo dei vivi e quello che presto sarà il mio, ma non sono riuscito mai a cogliere il vero significato del passaggio; sono sempre stato il guardiano di un cancello oltre al quale ho sempre avuto troppa paura di affacciarmi con l'anima. Forse ho sprecato un'opportunità o forse, proprio in quanto essere umano, non ho potuto capire davvero cosa si celasse al di là di quelle fredde sbarre.

Grazie di avermi creato e avermi dato la vita. Vorrei dire a voi che vi amo e vi ho sempre amato; vorrei dirvi che, se sono stato quello che sono stato e che sono diventato, lo devo a voi, mamma e papà.

Ho sempre creduto di aver fatto molti sbagli e molte scelte errate e ho sempre cercato di darvene la colpa. Solo ora capisco che né io né voi abbiamo commesso alcun errore: abbiamo agito secondo la nostra coscienza, secondo ciò che, di volta in volta, ci sembrava giusto. Non avremmo mai potuto fare nulla di diverso: abbiamo sempre agito mossi da un reciproco amore soffocato e sempre troppo nascosto. Avremmo dovuto urlarlo questo amore che ora viene messo a tacere! Quell'urlo ora non potrà che essere di disperazione.

Spero che con la morte non finisca tutto e sento che presto lo scoprirò. In un angolo del mio cuore ho sempre dato per scontata un'esistenza dopo la vita terrena ma ora, per quanto in un certo senso cominci ad avvertirne l'abbraccio, ho paura di essermi sbagliato. Spero che non si spenga tutto come con un interruttore.

Sappiate che non dovete nutrire alcun rimorso, siamo sempre stati fortunati ma non ce ne siamo mai accorti. Non siamo stati diversi da tutti quelli che abbiamo sempre creduto essere più stupidi, ma siamo esseri umani e abbiamo convissuto con tutti i limiti della carne. Abbiate cura l'uno dell'altra adesso che non potrò più essere al vostro fianco nel mondo materiale, soprattutto ora che la vecchiaia vi accoglierà, non fatevi distrarre dalla mia assenza e continuate a vivere. Non morite con me! So di chiedervi tanto e so di essere anche molto egoista nel desiderare ciò, perché se voi state bene, starò bene anch'io.

Se fossi stato al vostro posto avrei agito come voi avete sempre fatto e sicuramente, se ne avessi avuto il tempo, avrei avuto l'obiettivo di crescere un figlio educandolo come voi avete fatto con me. Siate sereni.

A te che saresti stata la madre di quel figlio che avrei tanto voluto veder diventare grande, del quale avrei voluto aver la possibilità di spiare lo sguardo felice la mattina di Natale, non posso che augurare una vita serena anche senza di me; non posso che augurarti di trovare qualcuno degno della tua fiducia che possa regalarti quel bambino che sarebbe dovuto essere nostro se, volando via, non ti stessi tradendo. A te che mi avevi

*promesso di essere la compagna di una vita; a te che contavi su
di me per il futuro non posso che chiedere scusa per tutto
quell'amore che aspettavo chissà cosa per dimostrarti; non
posso che ripetere che ti amo ora che ti sto abbandonando. Sii
serena.*

*A quello che sarebbe stato il mio futuro non posso che
rivolgere un pensiero ora che, più che mai, avrei dato la vita
per averlo vissuto. A tutti quelli che riusciranno a intercettare
questo mio ultimo messaggio, che spero stia fluttuando nell'aria
in questa stanza di ospedale in cerca di qualcuno che possa o
sappia percepirlo, voglio dire semplicemente di vivere la vita, di
viverla davvero.*

Un forte dolore improvviso al fianco sinistro.

La vista si annebbia, le palpebre si chiudono.

Improvvisamente appare tutto chiaro. Tutto è lampante
come quando si comprende qual è la parola esatta che deve
riempire le ultime caselle ancora bianche di un complicato
cruciverba che ha richiesto un'intera vita di impegno.

Tutto nero.

Luce.

Grazie alla mia famiglia

APPENDICE

A Florence Nightingale

Quello che segue e che ho voluto inserire qui, terminato il romanzo, un po'come un delicato saluto al lettore, è l'elaborato che ho prodotto in occasione del concorso letterario dedicato a Florence Nightingale organizzato nel 2020 dall'O.P.I. (Ordine delle Professioni Infermieristiche) di Terni e per il quale ho ricevuto Menzione Speciale della commissione, che ringrazio approfittando di questa occasione.

Il mandato consisteva nella stesura di una lettera a tema libero indirizzata alla madre della mia professione.

Mi accorgo solo oggi, rileggendo ciò che ho scritto, che dalla mia interpretazione del mandato del concorso traspare chiaramente una maturazione sia professionale che personale che, unita al messaggio che tra le righe ho lanciato attraverso il romanzo, chiude il cerchio di un percorso di riflessione e introspezione valorizzato dalle esperienze di un decennio di vita che separa le due produzioni.

"Cara Florence,

ti scrivo dal 2020 e desidero raccontarti un pezzettino della mia storia e qualche *flash* di analisi spicciola di una realtà che tu ben conosci e che in un certo senso hai visto e fatto nascere ma che, spero di sbagliarmi, non credo stia crescendo e maturando come tu potresti aver sperato.

Sono convinto che da dove sei ora hai una visione ben più profonda e consapevole che permea il Tutto e credo che, di questo Tutto, ognuno sia una briciolina minuscola e immensa allo stesso tempo e sono certo che questa immensità vada ricercata nella consapevolezza del sé, delle proprie azioni, dei pensieri e del mondo in cui questi si calano, a maggior ragione in una professione come la nostra.

Solo qualche giorno fa ho trovato nel cassetto della mia scrivania una busta. Aveva un aspetto familiare ma proprio non ricordavo cosa contenesse, finché non l'ho aperta e ci ho trovato, in uno scritto, un angolo di me.

Te lo riporto.

"Suona la campana.

Tutti scattano in piedi. Ordinatamente si preparano all'intervento: si allacciano gli scarponi, si mettono la giacca, raccolgono le cicche dal tavolo e se le infilano in tasca. Qualcuno, particolarmente freddoloso, cerca nervosamente il berretto che ha dimenticato da qualche parte. I piloti si informano sulla destinazione, guardano le nuvole in cielo e nella loro mente precorrono la rotta sino al target.

Il foglio che riporta i dettagli della missione esce dalla stampante.

Su quel pezzo di carta c'è scritta una piccolissima parte del destino di tutti quegli omini gialli che stanno salendo sull'elicottero. Su quel foglio c'è scritta un'enorme parte del destino della persona che ha bisogno di aiuto.

Il fischio dell'accensione dei motori limita progressivamente la possibilità di sentire il cinguettio degli uccellini che sino ad un attimo prima dominava l'atmosfera.

L'infermiere chiede "Cosa stiamo andando a fare?". Tutti sentono gracchiare questa frase nelle cuffie del casco tra un disturbo radio e una comunicazione della torre di Malpensa.

"Un bambino caduto dal secondo piano – Non respira", risponde il medico leggendo con l'espressione del suo volto che a fatica riesce a non tradire l'ansia che sta provando.

I piloti si guardano tra loro. L'infermiere incrocia il suo sguardo con quello dello specialista e con quello del tecnico di elisoccorso. Il cuore di tutti accelera per un istante. L'infermiere chiude gli occhi e sospira."

Scrissi queste poche righe qualche anno fa quando da poco lavoravo in elisoccorso come infermiere, quando in questa attività vedevo al contempo la realizzazione personale e professionale ma anche la redenzione da un passato che mi aveva deluso e turbato. Ricordo distintamente il bisogno che avevo sentito di scrivere quelle righe per fissare nella memoria quell'attimo che mi aveva colpito perché, per un istante, mi ha fatto capire che la mia anima c'era ancora, che non era arrugginita e che ero ancora capace di sentire qualcosa. Di sentire qualcosa che non fosse il peso dello scudo che mi hanno costruito addosso, che in anni di lavoro mi hanno obbligato a portare sempre con me non solo durante il turno, ma, purtroppo, anche in tutte le altre ore di veglia della giornata. Solo quelle del sonno erano ore liete.

L'esperienza in elisoccorso mi ha aperto gli occhi sulla piccolezza degli uomini rispetto alla vita e ai suoi mille volti e significati. Vedere dall'alto le casette piccoline e gli omini che sembrano statuine di un presepe triste mi ha fatto realizzare il tutto in una dimensione più reale e concreta.

Dopo anni di Rianimazione scelsi di lavorare nell'emergenza sul territorio perché ero diventato il peggiore degli infermieri che si potesse immaginare: l'unico infermiere che non voleva pazienti.

Ero stanco del dilemma etico costante nel quale ero immerso quotidianamente quando nella sofferenza tra la vita e la morte c'ero sempre io, impotente, con gli occhi spalancati che non potevano serrarsi, come congelati.

Ero stanco della continua forzatura della morale.

Ero stanco, tra tubi di macchinari e artificiali suoni d'allarme, di non poter mai assistere ad un lieto epilogo ed ero stanco di non poter essere d'aiuto come avrei voluto nel realizzarsi del peggiore dei finali delle storie a cui assistevo, fosse questo la morte o, peggio, la vita.

Ero stanco di dimenticarmi di rivolgere mentalmente un saluto e un incoraggiamento allo spirito che si allontanava da un corpo nel momento del trapasso. Ricordo con orgoglio come questa era una sana abitudine che avevo negli anni dell'entusiasmo. Mi piacerebbe tornare a quei tempi.

Se ripenso a quando ero più giovane, quando ho deciso di intraprendere il cammino dell'assistenza, immaginando a torto che mi sarei circondato delle persone migliori e che quella era la mia strada, provo una timida e paterna compassione per quel ragazzo che ero, per quel ragazzo che ancora doveva capire che l'essere umano è imperfetto e che le imperfezioni che lo governano sono tremende e che solo un lavoro come il mio e come il tuo, Florence, riesce a svelare nell'accezione peggiore.

Sono convinto di aver sin ora descritto quella che molti incasellerebbero in una delle mille definizioni di *malattia*, ma sono altrettanto convinto che una medicina esista. La consapevolezza. Questa è una medicina che costa molto e che è molto amara quando la si assaggia, ma è una medicina veramente potente. Una di quelle sostanze che, una volta che l'hai provata, non ne puoi più fare a meno.

Per anni, sfruttando la mia privilegiata posizione di "spettatore sul palcoscenico" della vita vera, mi sono interrogato sul mio lavoro, sul dolore, sulla morte e tutto ciò che le gravita intorno e, di conseguenza, mi sono posto anche molti interrogativi sull'essere umano in rapporto a questi temi. Non è facile riuscire in poche righe a dare un'idea esaustiva e chiara delle conclusioni a cui sono giunto ma intendo continuare a provarci perché in fondo, in qualche modo, te lo devo.

L'infermiere è un essere umano che, in quanto tale, è ricco di pregi ma anche di difetti e, sia gli uni che gli altri sono intrinseci nella sua natura, ma senza dubbio accentuati o smorzati nelle loro manifestazioni dal contesto sociale e culturale in cui si manifestano. Dai tempi dell'immenso contributo all'umanità che la tua stessa vita è stata (e non temo di esagerare), moltissime cose sono cambiate.

Nel susseguirsi delle generazioni, il nostro mondo (quello evoluto, occidentale) è andato indiscutibilmente sempre più verso la deriva della superficialità nella contemporanea impennata tecnologica che, oltre agli indubbi benefici che ha portato alle nostre vite, ha favorito però l'allontanamento progressivo dal valore profondo a favore di un illusorio infarcimento dell'ego e di un vuoto narcisismo. Non sento in realtà l'obbligo tanto caro ai nostri tempi di dover cercare una colpa per la quale debba essere individuato e processato un imputato, ma sento il dovere di parlarne e di provare, nel mio piccolo, a mettere a fuoco cosa sta accadendo intorno a noi.

Ho affermato la strettissima correlazione che esiste tra la manifestazione umana e il contesto che la ospita e quindi ora, in poche righe, cercherò di riassumerti quelli che credo essere oggi i tratti più condizionanti di una società che costituisce essa stessa una sfida.

La spersonalizzazione e l'alienazione, concetti che hanno mosso i loro primi passi nella rivoluzione industriale con l'introduzione della catena di montaggio, oggi scoprono un significato nuovo anche in un ambito che fino a pochi anni fa si poteva ritenere immune a questo deterioramento, quello della salute. Sono virus che affliggono in modo condizionante chi si trova a dover fornire cura e assistenza e, a sorpresa, anche chi di queste deve essere il destinatario. Tutti numeri. Molta privacy. Poco cuore.

La frustrazione della "politica del protocollo" per l'uniformità della risposta sanitaria e per il contenimento dei costi castra i professionisti che sono numericamente sempre meno e sempre più di corsa, che non hanno più neppure il tempo materiale di realizzare il loro sogno di fare la differenza ma l'illusione di farlo perché ormai tutto è scienza, la scienza del marginale. Quella scienza che fa montare la testa, che giustifica l'arroganza e la supponenza ma che non è nulla se ad essa non corrisponde un'adeguata maturità personale e spirituale.

La frequente indecisione cronica patologica delle ultime generazioni costituisce fertile terreno per l'identificazione del valore personale con la ricerca di una sfuggente finta stima di chi ci ignora e dell'identificazione in questa di un successo che è una sconfitta.

Tutto ciò viene sempre formalmente ignorato ma è dalla sommatoria dei singoli stati d'animo, delle singole motivazioni e dei vissuti di ciascuno che si manifesta una realtà e quindi, fin che non faremo nulla per partire dal basso, dal dettaglio, dal particolare, nulla potrà evolvere in una direzione giusta e umanamente sana.

Cosa possiamo fare? Cosa faresti tu? Mi piacerebbe sapere cosa ne pensi.

Io credo che dobbiamo partire da noi stessi considerandoci prima di tutto più umani e meno strumenti di una scienza sterile; dobbiamo costantemente allenare la nostra capacità di compenetrare il vissuto di chi abbiamo di fronte per capirlo profondamente al netto delle differenze che da lui ci allontanano, perché le competenze che abbiamo acquisito in anni di pratica, esperienza e ricerca si traducano concretamente in aiuto e non in pura esecuzione di tecniche; dobbiamo mettere da parte il nostro ego, che nutriamo quotidianamente attaccandoci con le unghie a qualsiasi illusione. Dobbiamo in sostanza, lo ripeto, sfruttare questa vita e la benedizione del nostro lavoro per capire e per acquisire profonde consapevolezze.

Quando saremo riusciti a fare ciò, rialzeremo la testa. In fondo credo che qualche segnale positivo già ci sia.

Dimenticavo… Paolino, quel bambino che siamo volati a soccorrere, è vivo e sta bene e proprio il giorno dopo aver trovato quel mio scritto che lo riguardava, è venuto con il suo papà a trovarci in base per conoscerci e ringraziarci. Era timidissimo ma aveva una luce negli occhi che raramente si apprezza.

Un segno? Voglio credere di sì. Sicuramente un pieno di carburante per la riscoperta della nostra professione e per nutrire quella sensazione latente di essere parte di un Tutto immenso che ci include e col quale, senza renderci contro, vibriamo in armonia.

Stamattina mia figlia mi ha sorpreso mentre nella penombra del mio studio stavo scrivendo proprio a te. Mi ha spiato senza che me accorgessi per qualche minuto dalla porta che avevo lasciato socchiusa poi è entrata piano camminando nel silenzio fino alla scrivania; mi ha fissato con un sorriso radioso senza aprire bocca incuriosita e stupita nel vedermi solo e concentrato. L'ho guardata e ho rivisto nei suoi occhi quella luce che, fino a quel momento, solo negli occhi di Paolino ero riuscito a notare. Le ho raccontato questa storia e, senza che mi abbia detto nulla, ho intuìto che un semino in lei germoglierà e che le varrà voglia di seguire le orme di papà. Le piacciono le sfide! Quando sarà il momento la incoraggerò e, facendola sedere sulle mie gambe, mi raccomanderò di usare la mente e il cuore e non solo aghi e siringhe.

A presto,

Andrea"

www.ingramcontent.com/pod-product-compliance
Lightning Source LLC
Chambersburg PA
CBHW051746250726
48659CB00001B/261